보이스 컬러

보이스 컬러

원하는
이미지를 만드는
목소리 스타일링

이명신 지음

__프롤로그__

기업 대표님들과 임원진들이 많이 참석한 유명한 경영학 교수님의 마케팅과 브랜딩 강연이 시작되기 전 모두 돌아가며 자기소개를 하는 시간이 있었습니다. 간단하게 '어떤 일을 하는 어느 기업의 누구'라고 소개했기 때문에 사실 다들 큰 관심이 없는 상황이었어요.

그런데 뒤쪽에 앉아 있던 어떤 남성분이 '안녕하세요'라고 인사를 하자마자 모두 뒤를 돌아보는 거예요. 특별히 유명하거나 대단한 지위를 가진 건 아니었지만 낮고 안정적으로 깔리는 중저음이 듣기 좋게 울리는 분이었습니다. 목소리 하나만으로 그곳에 있는 모든 사람을 한 번에 집중시킨 거죠. 저는 유명하지 않아도 사람들을 돌아보게 만드는 게 바로 목소리의 힘이라고 생각해요.

스피치 강의를 하면서 목소리로 고민하는 수많은 사람을 만나는데요.
"말을 잘하고 싶어요."
"목소리가 너무 작아서 고민이에요."

"사람들 앞에만 서면 목소리가 떨려요."
"발음이 좋지 않은데 고칠 수 있나요?"

이런 고민을 안고 저를 찾아온 분 중에는 자신에게 문제가 있는 것처럼 느껴진다며 우는 분들도 있었어요.

저는 그런 분들께 누구나 목소리를 바꿀 수 있다고 말씀드립니다. 연습을 통해서 얼마든지 내가 원하는 목소리를 만들 수 있다고요. 다이어트를 할 때 현재 나의 몸 상태를 알고 목표를 정하고 자신에게 맞는 방법으로 꾸준히 운동을 하듯이, 목소리를 바꾸는 방법도 같습니다.

목소리를 바꾸는 데 준비할 것은 충분한 노력과 시간입니다. 건강하고 멋진 몸을 만들기 위해 시간을 들여 노력하는 것처럼 목소리 이미지를 바꾸는 것도 물리적인 시간과 노력이 필요한데요. 운동을 할 때 트레이너와 함께하면 효율적이고 빠르게 효과를 볼 수 있는 것처럼 이 책이 여러분에게 도움이 되면 좋겠습니다.

목차

부록 보이스 컬러 카드 39

프롤로그 ▶ 4

1부
목소리 스타일링, 내 컬러를 찾아라

1. 내 목소리는 어떤 이미지일까? ▶ 13
2. 보이스 컬러를 만든 이유 ▶ 18
3. 목소리를 녹음해 목소리 이미지 확인하기 ▶ 21

2부

누구나 목소리에 고민이 있다

1. 목소리 이미지를 결정하는 4가지 ▶ 29
2. 목소리에 전문성과 신뢰를 담고 싶을 때 ▶ 36
3. 친절하게 말해도 공격적이라는 말을 듣는다면 ▶ 43
4. 급한 말투 때문에 갈등이 생긴다면 ▶ 51
5. 변호사와 회계사가 서로의 목소리를 원한 이유 ▶ 60
6. 지적은 해야겠는데 기분 나쁘게 하긴 싫을 때 ▶ 68
7. 왜 다들 나한테 까칠하다고 하지? ▶ 77
8. 부드럽고 단호하게 거절하고 싶을 때 ▶ 83
9. 나는 그냥 한 말인데 왜 자꾸 싸움이 되지? ▶ 90
10. 기획은 좋은데 PT에서 떨어진다면 ▶ 96

3부

누구나 목소리를 바꿀 수 있다

1. 목소리, 아는 만큼 보인다 ▶ 105
2. 목소리의 체력이 되는 호흡 ▶ 109
3. 목에 힘을 빼면 소리가 달라진다 ▶ 121
4. 좋은 목소리의 비밀, C-Spot ▶ 125
5. 탁 트인 발성을 만드는 매일 훈련법 ▶ 135
6. 울림이 있는 소리, 공명 ▶ 142

4부

발음도 연습이 필요하다

1. 리을을 r로 발음하고 있다면 ▶ 151
2. 시옷을 th로 발음하고 있다면 ▶ 161
3. 잘못된 발음 습관이 얼굴형을 바꾼다? ▶ 166
4. 혀뿌리에 힘이 생기면 발음이 좋아진다 ▶ 170
5. 뚜타당으로 따라와! - 혀 트레이닝이 중요한 이유 ▶ 175
6. 따탕은 도다오는 거야! - 내 혀가 짧은가? ▶ 184
7. 이중모음 발음이 어려운 이유 ▶ 192

부록   보이스 컬러의 진단과 해석 ▶ 205

분면에 따른 카드 활용법 ▶ 226

에필로그 ▶ 229

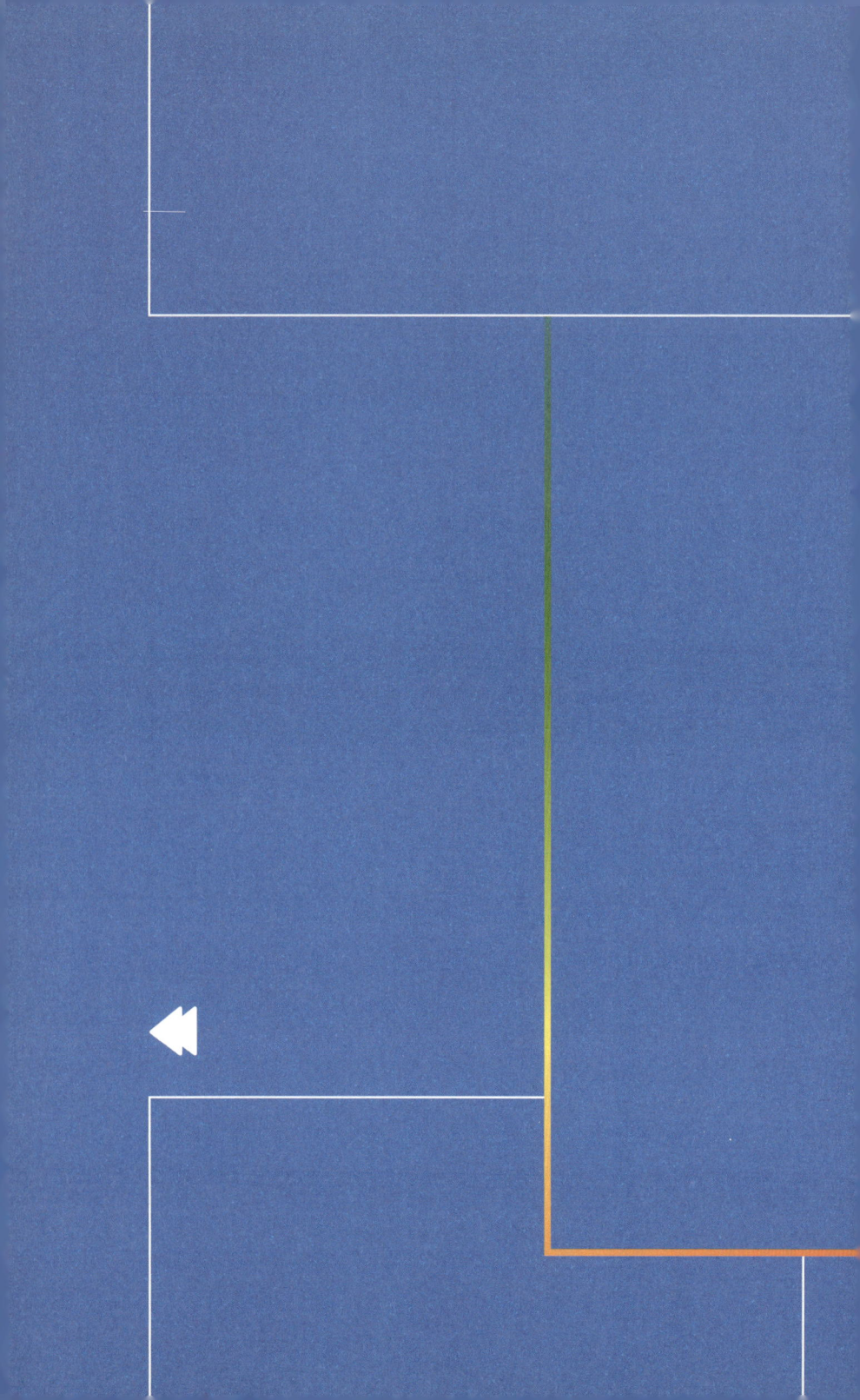

1부

목소리 스타일링, 내 컬러를 찾아라

내 목소리는
어떤 이미지일까?

명품 연기로 유명한 배우들을 보면 맡은 캐릭터에 따라 전혀 다른 인물로 보이잖아요. 악역일 때와 친근한 동네 아저씨 역할일 때, 장애가 있는 인물일 때, 사극일 때, 모두 이미지가 확연히 달라지죠. 이때 배역마다 헤어나 메이크업, 옷차림 등 시각적인 요소도 달라지지만, 사용하는 어휘와 말하는 습관인 말투도 바뀝니다.

저는 개인적으로 배우 오정세 님과 조승우 님을 좋아하는데요. 표정이나 눈빛 연기도 정말 멋지고 맡은 역할에 따라 목소리의 높낮이나 말의 속도, 음의 길이와 세기, 포즈(pause) 등을 의미하는 '목소리 표현'이 달라지는 것을 볼 수 있습니다.

두 분 모두 특정 장애를 가진 인물을 연기했었는데, 말을 더듬거나 음의 높낮이를 다르게 하고 발음을 어눌하게 하면서 캐릭터를 표현하기도 했고요. 상황에 따라 능숙하게 감정을 표현하지 못하는 인물의 특징을 소리의 강약을 일부러 들쑥날쑥하게 하면서 표현하기도 했습니다. 또 감정이 잘 드러나지 않거나 지적인 역할을 할 땐 톤에 큰 변화 없이 일정한 속도로 차분하게 말하기도 했죠.

이렇게 맡은 캐릭터마다 목소리 표현이 다른 것을 보면서 그 역할을 위해 얼마나 많이 고민하고 연습했을까 싶어서 더 대단해 보여요.

물론 우리가 배우처럼 연기를 하려는 것은 아닙니다. 하지만 비즈니스 상황에서는 정장을 입고 운동할 때는 운동복을 입죠. 결혼식장에 갈 때 등산복을 입는 분들은 없을 거예요. 물론 '등산복을 입는 것도 자유인데 무슨 상관이야?'라고 생각할 수도 있지만 그 모습을 좋게 보는 분들은 거의 없을 거예요. 목소리도 마찬가지입니다. TPO(시간-time, 장소-place, 상황-occasion)에 맞는 옷차림이 있듯이 때와 상황에 더 맞는 목소리 표현이 있는 거죠.

애교가 많고 아이처럼 귀엽게 말하는 것이 연애할 때는 사랑스럽고 좋지만, 직장에서 팀장님이 같은 말투로 업무 지시를 내린다고 생각해 보세요. 또 조용하고 엄숙해야 하는 장례식장에서 시종일관 쾌활하게 큰 소리로 말한다면 어떨까요. 진심으로 위로하는 마음이라도 그 사람의 진심이 왜곡될 수도 있을 거예요. 선물을 준 친구에게 고마움을 표현할 때도 고맙다는 말을 퉁명스럽고 무뚝뚝하게 툭 내뱉는다면 고맙다는 마음이 잘 전해지지 않잖아요.

그렇기에 상황에 따라 목소리 표현을 포함해 '목소리 이미지'를 바꾸면 내 진심을 잘 전할 수 있고 말투 때문에 오해가 생기는 일도 줄일 수 있습니다. 게다가 상대에게 호감을 주는 이미지를 선택해 보여줄 수 있으니 대화도 더 수월하게 이끌어갈 수 있어요.

목소리 이미지는 톤과 공명, 발음, 발성, 말의 내용, 내용을 전달하는 방법인 목소리 표현 등을 모두 포함하는데요. 이런 여러 요소가 복합적으로 작용하면서 자기만의 목소리 이미지가 만들어집니다. 목소리 이미지에 영향을 끼치는 요소를 좀

목소리 이미지

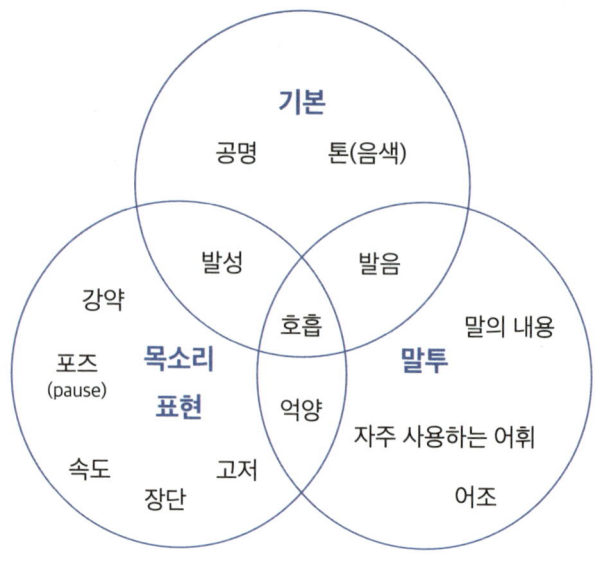

뉘앙스 = 음색 + 명도 + 채도 + 어감(말소리 + 말투)

더 이해하기 쉽게 정리해 봤어요.

발음이나 발성, 호흡 등 목소리의 기본에 해당하는 부분을 저는 몸매를 만드는 것이라고 말합니다. 몸매를 바꾸는 데 시간과 노력이 많이 필요하듯이 목소리도 기초를 탄탄하게 하려면 꾸준한 연습이 필요해요. 하지만 목소리 표현과 말투를 바꾸는 것은 방법만 알면 상대적으로 금방 바꿀 수 있습니다. 그래서 목소리 표현과 말투를 메이크업과 옷을 갈아입는 스타일링에 비유하곤 합니다.

내가 보여주고 싶은 이미지에 따라 신뢰감을 주는 목소리 이미지를 만들 수도 있고 따뜻하고 상냥한 이미지를 연출할 수도 있는 거죠. 이것을 시각적으로 표현한 것이 보이스 컬러입니다.

여러분은 어떤 이미지의 목소리인가요?

보이스 컬러를
만든 이유

가수의 목소리나 듣기 좋은 매력적인 목소리를 두고, 음색이 정말 좋다거나 '자기만의 색을 가진 목소리'라고 말하고는 합니다. 그래서 '실제로 목소리를 컬러로 표현하면 좋겠다'는 생각으로 색채심리 전문가인 코코리 김영 대표님과 함께 보이스 컬러 카드를 만들었습니다.

그냥 막연하게 목소리에 대한 이미지를 떠올리는 것보다는 컬러로 시각화하면 사람들이 느끼는 목소리의 이미지를 좀 더 명확하게 알 수 있으니까요. 기업에서도 CI(Corporate Identity) 컬러를 굉장히 중요하게 생각하는 것처럼 목소리에도 색깔을 적용할 수 있다고 보았습니다.

우리는 컬러마다 특정한 이미지로 떠올리곤 합니다. 예를 들면 옐로우는 희망과 경고의 이미지를 함께 가지고 있습니다. 레드는 열정적이고 블루는 지적이고 스마트한 느낌이 들죠.

각 컬러에 대응하는 이미지

특정 컬러를 두고 좋고 나쁘다고 표현하기 어려운 것처럼 저는 100% 좋은 목소리도 100% 나쁜 목소리도 없다고 말합니다. 흔히 동굴 소리라고 하는 공명이 좋은 음성도 그 울림 때문에 발음이 잘 안 들리고, 하이톤의 날카로운 음색도 표현에 따라서 편안하거나 따뜻하게 들릴 수도 있으니까요.

목소리 이미지를 바꾸기 위해서는 현재 자신이 가진 목소리 이미지는 무엇인지 체크하고, 자신의 장점을 파악하는 것이 필요합니다. 자신의 장점에 새로운 표현 방법을 더하면 자신의 목소리 이미지를 좀 더 풍부하게 만들 수 있으니까요.

목소리로 고민하는 분 중 간혹 자신에게 문제가 있는 것 같다며 다시 태어나야 할 것 같다고 얘기하는 분들이 있는데요. 이런 분들은 목소리 자체를 아예 바꾸고 싶어 합니다. 저는 문제가 있는 게 아니라 목소리 이미지가 상황에 맞지 않았던 것뿐이라고 말씀드려요. 상황에 따라 옷차림이 달라지듯이 목소리 이미지도 필요한 부분을 배우면 되는 거죠.

그래서 목소리 이미지를 명확하게 알 수 있는 보이스 컬러 카드를 제작했습니다. 제작 과정에서 보이스 관련 강의 등을 통해 700여 명의 테스트를 거쳤고, 90% 이상이 결과에 만족해하며 신기하게 진짜 잘 맞는다는 피드백을 했습니다.

보이스 컬러 카드를 활용하면 자기 목소리 이미지가 어떤 컬러이며, 어떤 장점을 가졌는지 알 수 있습니다. 이 책을 통해 내 보이스 컬러를 확인하고, 함께 개발해 봅시다.•

- 자세한 내용은 〈부록〉에서 확인해 주세요.

목소리를 녹음해
목소리 이미지 확인하기

목소리를 녹음해서 들어본 적 있나요? 평소 알고 있던 자신의 목소리가 아닌 것 같잖아요. 그냥 들을 때는 괜찮다고 생각했는데, 녹음된 목소리는 더 안 좋게 들리기도 하고요. 내가 듣는 내 목소리는 몸 안에서 들리는 소리와 공기를 통해 밖에서 들리는 소리가 함께 울리기 때문에 꽤 괜찮게 느껴집니다. 목욕탕처럼 소리가 울리는 곳에서 유독 듣기 좋게 들리는 것도 공간의 울림이 함께 있기 때문이죠.

하지만 녹음된 소리는 공기 중으로 전달된 소리이기 때문에 내가 들었던 내 목소리와 다를 수밖에 없습니다. 그런데 이

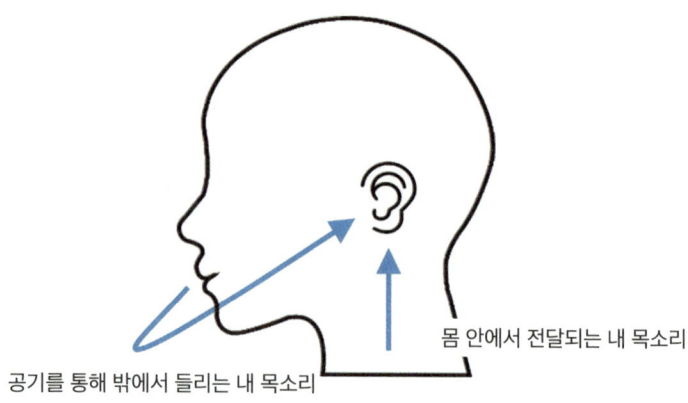

공기를 통해 밖에서 들리는 내 목소리

몸 안에서 전달되는 내 목소리

소리가 남들이 듣는 나의 목소리입니다. 그래서 자신의 목소리 이미지를 알기 위해서는 녹음한 목소리를 들어보는 것이 좋습니다.

녹음할 때는 평소 자신의 목소리와 말투를 그대로 녹음하는 것이 가장 좋은데요. 친구를 실제로 만나서 수다 떠는 목소리를 녹음하는 것도 좋고요. 공적인 자리나 여러 사람 앞에서 발표하는 것을 녹음하는 것도 좋습니다. 상황에 따라 목소리가 달라지는 경우도 있기 때문에 여러 상황에서 녹음하는 것을 권해드려요.

만약 실제 상황에서 녹음하기가 어렵다면 혼자 문장을 읽어 보세요. 이때 '안녕하세요', '반갑습니다', '고맙습니다' 등 평소 자주 사용하는 익숙한 말과 생소한 문장을 둘 다 읽는 것이 좋은데요. 처음 보는 문장을 읽는 이유는 보통 틀리지 않고 읽는 데 집중해서 자신도 모르게 원래 말투가 툭툭 튀어나오는 경우도 있기 때문입니다.

각각의 상황에 따라서 내 목소리가 어떻게 들리는지 확인해 보세요. 이것이 보이스 컬러 카드로 목소리 이미지를 셀프 체크하는 첫 단계입니다.

나의 목소리 이미지 확인하기

안녕하세요. ○ ○ ○ 입니다.
저는 지금 제 목소리 이미지를 찾고 있습니다. 지금부터 39개의 보이스 컬러 카드를 보고 나의 목소리와 가장 잘 맞는 이미지 2장을 선택해 주세요.

❶ 위의 문장을 소리 내 읽고 녹음해 보세요.
❷ 녹음된 나의 목소리 이미지라고 생각되는 보이스 컬러 카드를 2개만 선택하세요.
 ※컬러 카드 뒷면에 있는 단어를 먼저 보면 단어에만 몰입될 수 있으므로, 컬러만을 본 상태에서 선택하기를 권합니다.

❸ 만약 목소리를 바꿀 수 있다면 어떤 이미지의 컬러가 좋을지, 내가 원하는 목소리 이미지라고 생각되는 컬러도 2개 선택해 보세요.

❹ 지인들에게도 녹음된 목소리를 들려주고, 내 목소리 이미지 컬러를 2개 선택해 달라고 요청해 보세요.

❺ 선택된 카드 중 비슷하게 나오는 컬러와 분면이 있을 거예요. 가장 많이 겹치는 컬러가 자신의 목소리 컬러입니다.

현재 나의 목소리 이미지	내가 원하는 목소리 이미지

예) 친구A	지인이 선택한 내 목소리 이미지

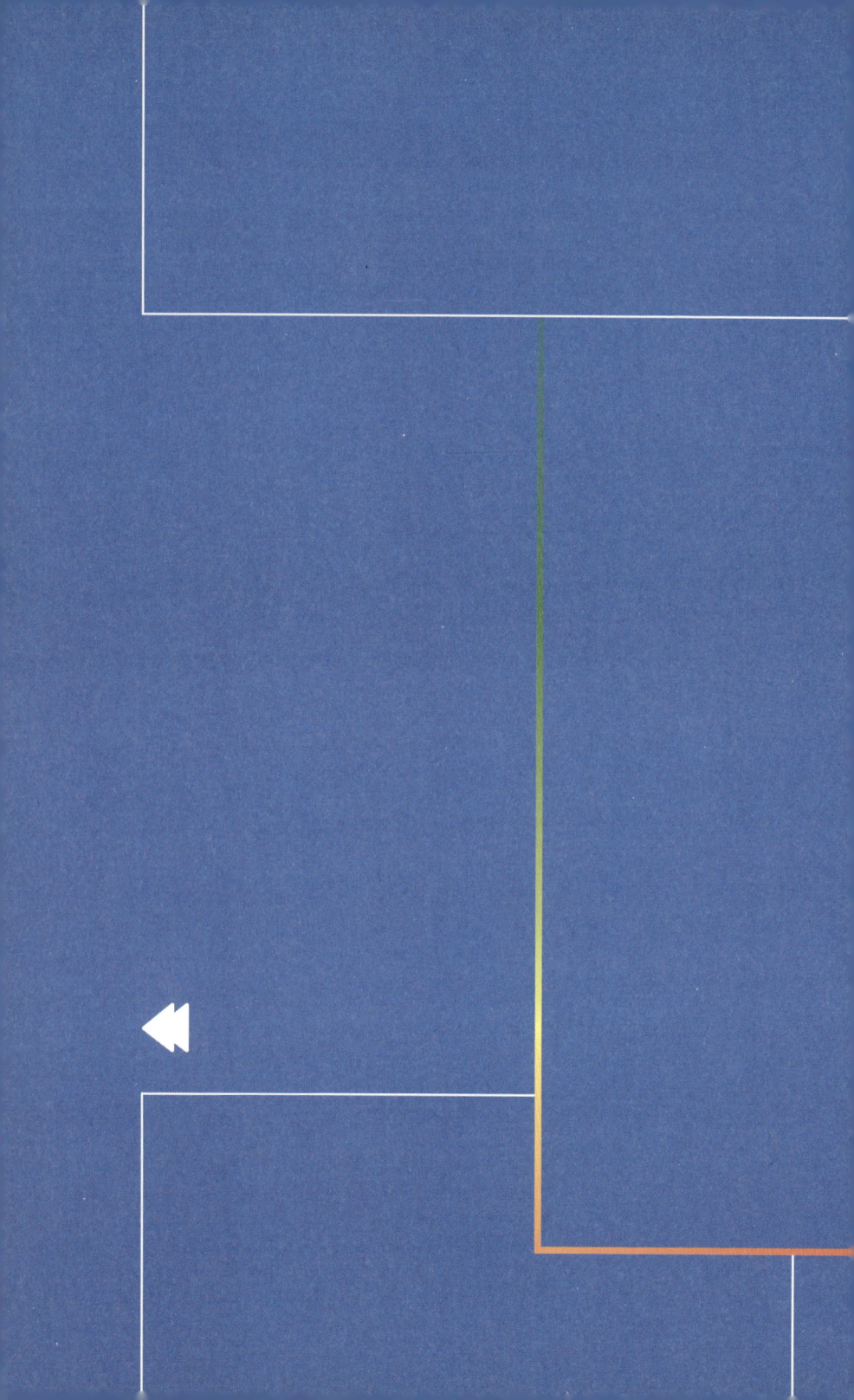

2부

누구나 목소리에 고민이 있다

목소리 이미지를
결정하는 4가지

목소리 표현은 고저(高低), 장단(長短), 강약(强弱), 쉼(pause) 그리고 여기에 속도를 어떻게 붙이는지에 따라 바뀔 수 있습니다. 특히 끝 음의 목소리 표현이 다르면 분위기도 달라지는데요. 각 요소를 바꿀 때마다 느낌이 어떻게 달라지는지 살펴보겠습니다.

[고저(高低) / 장단(長短) / 강약(强弱) / 쉼(pause)] + [속도] = 목소리 표현

고저는 말의 높낮이를 말합니다. 톤이 높으면 경쾌하고 밝은 느낌을 주고 귀에 잘 들리는 장점이 있습니다. 하지만 계속 높은 톤으로만 말할 경우 듣는 사람은 피곤함을 느끼고 신뢰감과 안정감이 떨어질 수 있어요. 반대로 톤이 낮으면 신뢰감과 안정감을 줄 수 있지만 상대적으로 무겁고, 어둡고, 우울한 느낌이 들기도 하죠.

고	가벼운 느낌을 주는 목소리 표현 잘 들리고 밝은 느낌이지만 오래 듣기 피곤하고 안정감이 떨어짐
저	무거운 느낌을 주는 목소리 표현 신뢰감과 안정감을 주지만 어둡고 우울한 느낌을 줄 수 있음

두 번째로 장단은 음절의 길이를 의미해요. 짧은 단어를 말하더라도 음절의 길이를 어떻게 하느냐에 따라 느낌이 달라지는데요. '대박'이라는 단어의 음절을 다르게 읽어보면서 느낌이 어떻게 다른지 확인해 보세요.

대~~박.   대.박~~   대~~박~~   대.박.

두 음절의 짧은 단어인데도 각 음절의 길이에 따라 말의 어감이 달라지는 게 신기하죠?

　음절의 길이는 차갑거나 따뜻한 분위기로 뜻하는 말의 온도가 되기도 하는데요. 특히 끝 음절의 길이가 장음일 경우 친근하고 따뜻하게 느껴질 수 있습니다. 하지만 계속 반복되면 지루하고 따분한 느낌을 줄 수도 있어요. 단음은 차가운 느낌이지만 전문적이고 객관적인 표현이기도 합니다.

장	따뜻한 느낌의 목소리 표현 부드럽고 편안하지만 주관적이고 지루한 느낌
단	차가운 느낌의 목소리 표현 객관적이고 전문적인 느낌을 주지만 차갑고 냉정한 느낌

　세 번째, 강약인 말의 세기입니다. 강약 조절을 통해 중요한 내용을 강조할 수 있고, 어떤 음절에 세기를 어떻게 넣는지에 따라 목소리 이미지가 달라지기도 합니다. 아래 예시를 따라 읽어 보세요.

문장과 단어의 첫음절을 강하게 말하면 전달력이 높아지고, 끝 음을 강하게 하면 단호하게 말하는 느낌과 함께 자신감이 있어 보입니다. 하지만 끝 음을 계속 강하게 표현하게 되면 상대방에게 자신의 의견을 세게 밀어붙이는 느낌을 줄 수도 있습니다. 반면에 끝 음의 세기가 약하면 부드럽고 수용적인 느낌을 줄 수 있지만 계속 반복되면 자신감이 없고 소심한 사람으로 보이기도 합니다.

강	강한 느낌을 주는 목소리 표현 잘 들리고 자신감 있어 보이지만 자기 주장을 강하게 밀어붙이는 느낌
약	약한 느낌을 주는 목소리 표현 수용적이고 부드럽지만 자신감 없고 소심한 느낌

음절의 강세를 적절히 활용하면 임팩트를 줄 수도 있기 때문에 대중 앞에서 에너지를 뿜어내는 퍼블릭 스피치에서 사용하면 좋습니다.

네 번째 쉼, 포즈(pause)는 멈추는 것을 의미하는데요. 쉼을 어디에 주는지에 따라 말의 의미가 달라지기도 합니다. 유명한 아래 문장을 보면 쉽게 이해되실 거예요.

아버지가 / 방에 / 들어가신다.
아버지 / 가방에 / 들어가신다.

포즈는 기본적으로 문장이 끝날 때 많이 사용합니다. MC들이 사회를 보다가 긴장감을 고조시키기 위해 중간에 말을 멈추는 것처럼, 강조하고 싶은 내용에 따라 문장 중간에 포즈를 사용하죠. 예를 들면 '꿈은 반드시 이루어진다'같은 문장도 어디에 포즈를 두는지에 따라 강조가 되는 단어가 달라집니다.

꿈은 // **반드시** 이루어진다.
꿈은 반드시 // **이루어진다.**

마지막으로 속도입니다. 말하는 속도가 빠르고 음절 사이의 간격이 좁으면 경쾌하고 생동감이 느껴지지만 급하게 쫓기는 기분이 들 수 있습니다.

음절사이의간격에따라느낌이달라집니다

반대로 너무 느리고 음절의 간격이 넓으면 편안한 느낌을 주기도 하지만 답답하게 들릴 수 있어요. 그래서 자신의 속도를 알고 있는 것이 중요합니다.

음 절 사 이 의
간 격 에 따 라
느 낌 이 달 라 집 니 다 .

　지금까지 속도를 포함해 고저, 장단, 강약, 쉼의 표현이 목소리 이미지에 어떤 영향을 주는지 이야기했는데요. 목소리 이미지는 여러 가지 표현 요소가 복합적으로 작용하기 때문에 각각의 표현 방식을 이해하면 내가 원하는 이미지를 만드는 데 도움이 됩니다.

　특히 끝 음의 표현 방법이 전체 분위기에 큰 영향을 미치는데요. 예를 들면 고음은 귀에 꽂히는 굉장히 잘 들리는 소리이기 때문에 날카로운 이미지라고 생각하는 분들이 많습니다. 그런데 높은 톤을 가진 이금희 님을 보면 부드럽고 따뜻한 이미지를 더 강하게 갖고 있습니다. 공명이 좋고 끝 음을 길게 페이드아웃(fade-out) 하기 때문에 높은 톤의 목소리라는 걸 모를 만큼 안정적이고 편안하게 들리는 거죠.

　뉴스를 진행하는 아나운서들은 객관적으로 내용을 전달해야 하므로 단음을 주로 사용하고 끝 음을 낮게 처리해 신뢰감을 더합니다. 기자들도 전문성을 강조하기 위해 단음을 훨씬 더 많이 사용하는데요. 여기에 속도를 빠르게 표현해서 현장감을 더합니다. 기자처럼 속도가 빠르지만, 끝 음 처리를 어떻게 하는지에 따라 기상 캐스터나 리포터 같은 느낌을 줄 수도 있습니다.

자기 목소리 이미지를 바꾸고 싶다면 스스로 자신이 어떤 표현을 많이 사용하는지 체크해 보세요. 그리고 반대의 표현이나 자주 사용하지 않았던 표현을 한두 번씩 섞어주면 말의 전달력도 높이고 감정을 더 풍부하게 표현할 수 있습니다.

목소리에 전문성과 신뢰를 담고 싶을 때

언제 봐도 에너지가 넘치는 분들이 있잖아요. 사람들과 만났을 때도 호탕하게 웃으며 대화도 잘 나누고 누가 봐도 성격 좋은 와일드한 캐릭터요.

이렇게 크고 우렁찬 목소리는 자신감 있어 보이는 장점이 있습니다. 확고한 자기만의 신념을 가진 사람으로 보이고 뭘 해도 자신 있어 보이기 때문에 강하게 느껴지기도 하죠. 특히 비즈니스 상황에서 만난 대표님들 중에 이런 분들을 보면 사업에 확신이 있어 보여서 신뢰가 가기도 합니다.

그런데 에너지가 좀 더 과해지면 과장되게 느껴지거나 불편해지는 경우도 있습니다. 자기만 아는 얘기를 계속 큰 소리로 강한 확신을 가지고 얘기하면 더 부담스럽게 느껴집니다.

오랫동안 사업을 하며 영업을 활발히 다니는 대표님을 만났는데요. 자신은 해당 사업 분야의 전문가인데 발표를 잘하려면 어떻게 해야 하냐고 질문하셨어요. 그동안 영업할 때는 접대 잘하고 관계를 잘 만들어가면 결과도 좋았었는데, 이제는 프레젠테이션으로 영업 방식이 바뀌면서 발표를 전문적으로 하는 것이 필요해졌다는 거죠. 그래서 비즈니스 상황에서 PT를 어떻게 하는지 확인해 봤습니다.

대표님의 보이스 컬러는 26번(강인한)과 29번(확고한)으로 둘 다 안정감이 있는 소리로 자신감이 있어 보이고 단단하고 강인한 느낌의 목소리 이미지였는데요. 좀 더 전문적인 느낌의 21번(객관적인)과 34번(전문적인) 보이스 컬러를 원했습니다.

대표님처럼 강하고 확고한 느낌의 보이스 컬러를 가진 분들은 목소리만으로도 사회적인 지위가 높아 보이고 때에 따라 위엄 있게 보이는 장점도 있습니다.

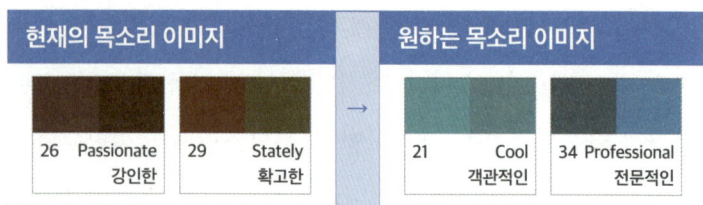

하지만 큰 목소리에 문장 끝을 길게 늘이면서 끝까지 강하게 밀어붙이듯 말하는 말투여서 압박하는 느낌이 강하게 들었어요. 지시하거나 명령하는 상황이 많은 대표라는 지위에 확고하고 강한 말투가 더해지니 일상생활에서도 상대방에게 생각을 강요하는 느낌이 났던 거죠.

이런 말투는 상대방을 생각해서 하는 말이라도 지시하는 느낌이 들어서 거부감이 들 수 있는데요. 끝음절의 표현만 바꿔도 전체적인 분위기를 바꿀 수 있습니다.

대표님은 강압적인 느낌을 줄이고 전문적인 이미지를 원했어요. 그래서 아나운서가 뉴스를 진행하는 것처럼 문장의 끝

음을 짧게 표현하는 연습을 했습니다. 여기에 끝 음의 높이를 앞의 음절보다 낮게 내려서 소리 내는 것을 반복했어요. 원래보다 반음에서 한음 정도 낮게 소리 내는 건데요. 이 말투는 비즈니스 상황에서 신뢰감을 주기 좋은 말투입니다.

고맙습니다. 고마워요.

수고하셨습니다. 고생했어요.

그리고 길이와 높낮이가 다르면 느낌이 얼마나 달라지는지 스스로 알 수 있도록 원래 잘하는 끝음절을 길게 올리는 것과 짧게 내리는 것을 번갈아 가면서 연습했습니다.

고맙습니다. 고맙습니다. 고마워요. 고마워요.

수고하셨습니다. 고생했어요. 고생했어요. 수고하셨습니다.

원래의 말투에 이렇게 어미를 짧게 내리는 표현을 중간중간 섞어준 것만으로도 대표님의 말투는 한결 담백해졌습니다.

전문성과 신뢰를 전하는 말투 연습

❶ 문장의 끝 음 '요'나 '다'의 길이를 짧게 표현하는 연습을 해보세요.

❷ 길이를 짧게 하는 것이 익숙해졌다면 끝 음의 높이를 앞의 음절보다 낮게 내려서 표현해 보세요. 아나운서가 뉴스를 진행할 때 사용하는 마지막 인사말을 참고해 보세요.

이상으로 뉴스를 마치겠습니다.

시청해 주신 여러분 고맙습니다.

연습을 위해 원고를 어디에서 끊어 읽을지 [/] 표시하고 끝음절의 음을 낮게, 길이는 짧게 읽어 보세요. 표시한 음절을 읽을 때 강조하고 싶은 내용에 따라 중간중간 세기를 조절하면 더 좋습니다. 아래 예시를 따라 읽어보세요.

많은 분들이 애용하고 있는 홈쇼핑에서 제품을 판매하는 쇼호스트에 따라 매출 차이가 크다는 조사 결과가 나왔습니다.

같은 문장도 끝 음 표현에 따라 다른 느낌을 전달할 수 있는데요. 어떤 것이 달라지는지 궁금하다면, 아래 문장에 표시된 부분을 신경 쓰며 소리 내 읽어 보세요.

> **아나운서처럼 전문적이고 신뢰감을 주는 느낌**
> **(단음과 저음)**
>
> 많은 분들이 애용하고 있는→ / 홈쇼핑에서↘ / 제품을 판매하는→ / 쇼호스트에 따라→ / 매출 차이가 크다는↘ 조사 결과가 나왔습니다.↘

> **기상 캐스터나 리포터처럼 발랄하고 경쾌한 느낌**
> **(장단음과 고음, 빠르게)**
>
> 많은 분들이 애용하고 있는↗ / 홈쇼핑에서↗ / 제품을 판매하는→ / 쇼호스트에 따라↗ / 매출 차이가 크다는↗ / 조사 결과가 나왔습니다.↗

> **심야 라디오 DJ나 시 낭송을 하는 것 같은 부드럽고 따뜻한 느낌**
> **(페이드아웃, 느리게)**
>
> 많은 분들이 애용하고 있느으은 / 홈쇼핑에서어어 / 제품을 판매하느으은 / 쇼호스트에 따라아 / 매출 차이가 크다느으은 조사 결과가 나왔습니다아아아

이렇게 고저 표현을 할 때 특히 주의해야 하는 부분이 있는데요. 끝음절을 내릴 때 바로 앞 음절이 올라가는 것을 조심해야 합니다.

'안녕하세요'의 고저 표현

　'안녕하세요'에서 '요'를 내리려다가 오히려 '세'를 높이는 경우가 종종 있는데요. 자칫 '서울말은 참 쉬↑워요' 같은 어색한 사투리처럼 들릴 수 있습니다. '안녕하세'까지 같은 음으로 소리 내고 '요'만 음을 내리는 것이 더 자연스럽게 느껴집니다.

- 출처_강연희, 이명신, 지와수. 『내 말은 그런 뜻이 아닌데』

친절하게 말해도
공격적이라는 말을 듣는다면

유명한 마케팅 기업에서 이례적으로 초고속 승진을 한 여성 팀장님이 저를 찾아왔어요. 팀장이 되면서 임원들과 거래처의 대표님들을 주로 상대하게 됐는데 자신이 얘기하면 분위기가 갑자기 싸해지는 것을 종종 느끼셨다고 합니다.

미팅 때마다 분위기가 굳는 일이 반복되자 신경이 쓰였는데요. 그러던 중 임원이 된 친한 선배에게 '너는 일도 잘하고 다 좋은데 말이 좀 세. 가르치려는 건가 싶기도 하고…'라는 얘기를 들었다고 합니다. 업무 이야기를 할 때 유독 자기주장이 너무 강하게 느껴져서 사람들이 불편해한다는 거였어요.

팀장님은 자신의 말투가 좀 차갑다는 것은 알고 있었지만, 지금까지 문제가 된 적이 없었기 때문에 그 말을 듣고 몹시 당황스러웠다고 해요. 오히려 일할 때나 부하직원에게 지시를 내릴 때는 그런 말투가 긍정적으로 작용하기도 하니까요.

그래서 '진짜 내 말투가 문젠가', '내가 남자였어도 이런 얘기를 들었을까?', '앞으로는 어떻게 말하지?' 이런 여러 생각이 들어 스트레스를 엄청나게 받았다고 합니다.

그동안 여자라서 같이 일하기 힘들다거나 애 키우면서는 성공하기 어렵다는 이야기를 듣지 않으려고 남들보다 더 열심히 일했고, 노력한 만큼 성과를 내고 능력을 인정받아 짧은 기간 안에 팀장이 되셨고요. 한참 얘기를 들으면서 '팀장님은 완벽주의 성향이 있으신 것 같아요'라고 말씀드렸더니 '어, 맞아요~'라며 공감하셨어요.

완벽주의 성향을 가진 분들은 스스로를 많이 괴롭히는 경향이 있어요. 남들이 보기에는 충분히 잘하고 있고 괜찮은데 스스로 만족하지 못하기 때문에 더 노력하게 되는 겁니다. 그게 나쁜 것은 아니지만 자기 자신을 괴롭히는 것이기 때문에 아주 힘들 수밖에요.

그리고 개인적인 경험이지만 능력 있고 사회적으로도 성공한 커리어 우먼 중 특히 이런 말투를 가진 분들이 많았는데요. 이런 분들의 공통점은 말투 때문에 불편한 상황이 반복된다는 거예요. 비즈니스 상황이 아니라도 가족이나 친구 등 일상적인 관계에서 문제가 생기기도 하고요.

업무의 효율과 성과에 집중하기 위해 짧은 시간 안에 명확하게 얘기하는 것이 습관이 된 것일 수도 있고요. 상대에게 무시당하지 않으려고 일부러 표현을 좀 더 차갑게 하거나 필요한 말만 하는 것일 수도 있어요. 이유는 사람마다 다르겠지만 완벽주의 성향인 분 중 차갑고 딱딱하게 말하는 분들을 자주 봅니다.

일을 잘했기 때문에 팀장의 자리까지 오른 것인데, 팀장이 되고 나니 업무 자체를 잘하는 것보다 사람을 상대하는 일이 더 중요해진 거죠. 그래서 말투가 업무에 영향을 주는 일이 많아진 겁니다.

특히 팀장님처럼 완벽주의 성향을 가진 분들은 자신의 말투가 문제라는 것을 인식하면 이걸 용납할 수 없게 되는데요. 말투도 완벽해야 하기 때문입니다.

그럼 어떻게 해야 좀 더 부드럽게 말할 수 있을까요?

공격적이고 차가운 느낌을 주는 말투는 23번(명확한)과 24번(찌르는 듯한)에 해당하는 보이스 컬러를 가지고 있습니다. 이 컬러는 명확하고 선명하게 잘 들리는 장점이 있는데요. 사람이 많고 시끌벅적해도 그중에서 유난히 목소리가 명료하게 잘 들리는 사람들이 있잖아요. 목소리가 크다기보다는 소리 자체에서 힘이 느껴지는 그런 소리요.

이런 분들은 같은 말을 해도 다른 사람들보다 더 힘 있고 강하게 들립니다. 특정한 내용을 확실하게 상대에게 인지시키거나 자기주장을 해야 하는 순간에는 정말 좋은 목소리입니다. 잘 듣지 않으려는 사람들에게도 잘 들리는 소리니까요. 하지만 의도적으로 이런 상황과 이미지를 연출한 것이 아니라면 듣는 사람은 불편하게 느낄 수 있고요. 그 반응을 본 말하는 사람도 역시 불편해질 수 있습니다.

팀장님이 원하는 목소리 이미지는 좀 더 친절하고 따뜻한 이미지였어요. 지금보다 좀 더 부드러운 느낌으로 원하는 목소리 이미지를 표현하려면 문장의 끝음절에 힘을 좀 빼는 것이 좋습니다. 페이드아웃하면서 소리를 점점 약하게 내서 나

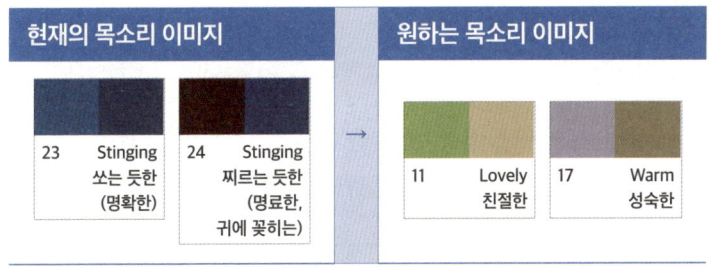

중에는 공기만 남기는 건데요. 심야 라디오의 DJ 말투를 떠올리면 좀 더 이해가 쉬울 것 같아요.

지금 되게 잘해요오오오~

페이드아웃으로 문장의 끝음절을 표현하면 여운이 남기 때문에 상대방이 언제든 끼어들 수 있는 수용적인 느낌을 줍니다. 말끝이 세고 짧게 끊어지면 단호하게 들려서 자기주장을 세게 하거나 화내는 것처럼 받아들여지지만 말끝에 여운을 주면 좀 더 상대방의 의견도 들을 수 있다는 여지를 주게 되는 거죠.

말하는 사람이 여지를 주겠다는 의도가 없더라도 문장 끝에 공기가 들어가면서 상대방이 말을 끊고 들어올 수 있는 구간이 생깁니다. 그래서 상대방의 의견을 잘 들어줄 것 같다는 느낌을 전달하게 됩니다.

팀장님은 페이드아웃 연습을 하면서 상황에 따라 소리에 힘을 조절할 수 있게 됐어요. 집중하는 동안은 원래의 목소리 이미지가 많이 나오지만, 상대방에게는 강하게 들릴 수 있다는 것을 인지하면서 완급을 조절할 수 있게 된 거죠. 특히 의견을 물을 때나 팀원들에게 피드백할 때는 페이드아웃을 응용해서 부드럽게 이야기할 수 있게 되었습니다.

편안하고 부드러운 목소리를 가진 사람들은 끝 음을 길게 늘이며 점점 약하게 페이드아웃하는 특징이 있습니다. 그래서 단호하거나 부정적인 내용의 문장도 부드럽게 들립니다.

하지 마세요. **vs** 하지 마세요오오ㅇ
싫어요. **vs** 싫어요오오ㅇ
안돼요. **vs** 안돼요오오ㅇ

페이드아웃 표현의 예시로 저는 가수 성시경 님을 가장 많이 이야기하는데요. 끝 음을 길고 약하게 페이드아웃하는 습관에 안정적인 중저음의 목소리와 공명이 더해져서 부드럽고 편안한 이미지를 만들어 줍니다.

페이드아웃의 포인트는 처음부터 작게 속삭이는 것이 아니라 말끝에 힘을 빼는 건데요. 예를 들면 '잘해요'에서 마지막 음절 '요'를 '요-오-오-오'처럼 소리 내는 거죠. 말끝에서 길이를 늘이며 나중엔 공기만 남아 있도록 하는 겁니다.

고마워요오오오
공기만 남게 해보세요오오오

이때 끝까지 힘을 빼지 않고 길게 유지하면 유치원 선생님처럼 느껴질 수 있는데요. 유치원 선생님은 어린아이들을 이끌어야 하므로 끝 음을 강하게 표현해 아이들의 이목을 집중시키지만, 끝 음을 길게 늘여 친절한 느낌을 더하는 거죠.

여러부우우운~ 안녕하세요오**오오**?

음의 높이를 업다운하면서 페이드아웃하는 연습법도 따라 해 볼까요?

남성분 중에 부드럽게 말하고 싶지만, 페이드아웃 표현이 닭살 돋는다고 하는 분들이 있는데요. 말하는 사람은 익숙하지 않은 표현이기 때문에 생경하고 어색할 수 있습니다. 하지만 듣는 사람은 확실히 부드럽게 들리니 상대방에게 부드럽게 보이고 싶을 때 사용해 보세요.

페이드아웃 연습

페이드아웃의 포인트는 끝 음의 길이를 늘이면서 점점 크기가 줄어들도록 소리 내는 겁니다.

❶ 한 호흡에 '아아아아~' 소리를 길게 냅니다.
❷ 뒤로 갈수록 볼륨 버튼을 점점 작게 줄이듯이 소리의 크기를 줄여보세요.
❸ 호흡이 거의 다 없어질 때까지 크기를 줄이면서 마지막에 공기만 남을 수 있도록 소리를 줄입니다.
❹ '아아아아~'와 같은 방법으로 '요오오오~', '다아아아~' 도 반복해서 연습해 보세요.
❺ 스스로 소리를 점점 줄여서 마지막에 공기만 남기는 것이 익숙해졌다면 자주 사용하는 말을 응용해서 연습해 봅니다.
예를 들면 '했어요오오오~', '있어요오오오~', '안녕하세요오오오~', '있습니다아아아~' 등으로 연습하면 됩니다.

급한 말투 때문에
갈등이 생긴다면

말투 때문에 자녀와 계속 트러블이 있다며 찾아오신 어머님이 계셨어요. 아이는 느긋한 성격인데 본인은 완벽주의 성향에 말투가 급한 것 같아서 자꾸 싸운다며 부드럽게 말할 방법을 궁금해하셨습니다.

어머님의 보이스 컬러는 8번(유쾌한)과 22번(날카로운)으로, 약간 높은 톤에 선명한 목소리를 가지고 계셨어요. 이런 목소리는 주변에 소음이 많아도 잘 들립니다. 활기차고 잘 들리는 선명한 소리는 업무를 할 때도 좋은 점이 많죠.

하지만 무언가 요구하거나 확인할 때, 그리고 지시하는 상황에서는 단호하게 들리기도 하고 상대방을 밀어붙이는 느낌이 들기도 합니다. 끝 음이 강한 소리이기 때문에 자신의 주장이나 의견을 상대에게 확고하게 어필하는 것 같거든요.

게다가 이 어머님은 음절 사이의 간격이 좁고, 끝음절을 짧고 세게 표현하는 습관을 지니고 있었는데요. 이렇게 음절 사이의 간격이 짧고 빠른 속도로 말하면 쉼 없이 자기 얘기만 하는 것 같아서 듣는 사람 입장에서는 쫓기는 느낌이 들기도 합니다.

끝 음을 세게 표현하는 소리에 높은 톤이 더해지고, 속도가 빨라지면서 상대방이 의식하지 않아도 귀에 꽂히고 압박감을 주는 말투가 만들어진 거죠.

학원갈준비는 **했니?** 오늘과제는 다 **했어?** 빠뜨린 건 **없고?**

저녁에 학습지선생님 오시는 거 **알지?** 저녁은 어떻게 **할거야?**

엄마 말 듣고 있는 **거야?** 왜 대답을 **안해??**

아이는 천천히 확인하면서 차근차근해야 하는 성향이었는데 엄마가 자꾸 재촉하고 강요하는 것처럼 느껴지니 엄마 말을 점차 듣지 않게 되었습니다. 엄마는 아이의 느긋한 모습이 답답하고 자기 말을 무시하는 것 같아서 화를 내기도 하고 윽박지르기도 했어요. 하지만 뒤돌아서 많이 후회된다며 속상해하셨죠.

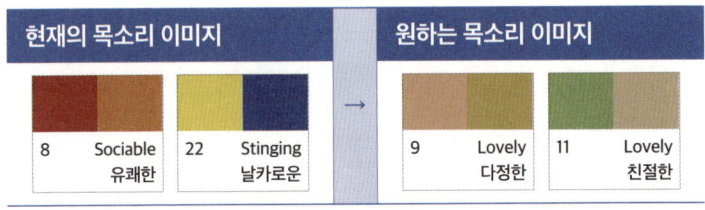

아이를 사랑하는 엄마의 마음이 말로는 잘 전해지지 않는 걸 보면서 저도 매우 안타까웠어요. 그래서 좀 더 따뜻하고 부드럽게 말하는 연습을 했습니다. 먼저 음의 길이를 살짝 늘이면서 끝 음에 힘을 뺄 수 있도록 했고요. 그다음으로 음절의 간격이 좁은 것 때문에 조급하게 들리는 것을 줄이기 위해 포즈(Pause) 사용법을 알려드렸습니다.

말이 여유롭거나 조급하게 들리는 포인트는 쉼에 있습니다. 자기 생각과 다르게 사람들이 말이 조급하다, 혹은 빠르다고 얘기한다면 포즈를 잘못 두고 있거나 포즈를 너무 사용하지 않는 경우가 대부분입니다.

홈쇼핑을 보다 보면 정말 말을 잘하는 쇼호스트들이 있는데요. 듣기만 해도 나도 모르게 저절로 물건을 사게 되는 그런 분들의 말투를 잘 살펴보면 말의 속도는 제각각이지만 다들 포즈를 정말 잘 사용합니다.

예를 들면 『내 말은 그런 뜻이 아닌데』라는 책을 쓴 쇼호스트 강연희 님은 말의 속도가 굉장히 빠른 편인데도 조급하게 느껴지지 않고 잘 들려요. 오히려 적당한 속도감이 있어서 지루하지 않고 경쾌하게 느껴집니다.

말을 진짜 잘한다고 많은 분이 인정하는 방송인 최화정 님도 마찬가지입니다. 말의 속도 자체는 굉장히 빠르거든요. 그런데 진짜 맛깔나게 말하죠. 포즈가 여기에서 아주 큰 역할을 하는 겁니다.

멈춤과 쉼인 포즈에서 중요한 것은 '어디에서 멈출지'와 '얼마나 멈출지(무음의 길이)'입니다. 포즈를 잘하고 잘하지 못하고의 차이가 여기에 있는 거죠.

포즈를 어디에 둘지는 내 호흡의 길이에 맞게 정하면 되는데요. 기본적으로 호흡과 상관없이 모든 문장의 끝, '다'와 '요'에서는 포즈를 두는 것이 좋습니다. 그리고 쉼표가 있다면 쉼표에서도 포즈를 두는 것이 좋아요. 그다음으로는 문장 중간중간에서 끊기를 하는 겁니다. 제일 쉬운 방법은 중요하거나 강조하고 싶은 단어 앞에서 끊는 거예요. 예를 들어 보겠습니다.

안녕하세요. 오늘 날씨가 너무 좋네요.
→ 안녕하세요. / 오늘 날씨가 너무 좋네요. //

위의 문장에서는 우선 '안녕하세요.' 다음에 끊을 수 있죠. 그리고 '좋네요.'까지 말한 후 다음 문장으로 넘어가기 전 포즈를 둡니다. 그다음, 날씨를 강조하고 싶다면 날씨 앞에서 끊습니다.

안녕하세요. 오늘 날씨가 너무 좋네요.
→ 안녕하세요. / 오늘 / 날씨가 너무 좋네요. //

만약 날씨가 너무 좋다는 걸 강조하고 싶다면 '너무' 앞에서 끊습니다.

안녕하세요. 오늘 날씨가 너무 좋네요.
→ 안녕하세요. / 오늘 날씨가 / 너무 좋네요. //

이렇게 강조하고 싶은 내용에 따라 끊어 읽기를 응용하면 됩니다.

그리고 문장에 숫자가 있다면 숫자 앞뒤로 끊어주는 것이 좋습니다. 수치, 고유명사, 지명 등을 이야기할 때 앞뒤로 포즈가 들어가면 그 단어가 더 잘 들리기도 하고, 신뢰감을 줄 수 있으니까요. 그럼, 아래 예시 문장을 통해서 끊어 읽기를 해보겠습니다.

'책 속의 스피치'는 현재 구독자가 3만 7,000명에 달하며, 오디오 클립 전체 랭킹 10~20위권에 속하는 인기 콘텐츠다.

우선 쉼표에서 한 번 끊어 주고요. 숫자 앞에서도 끊어 읽습니다. 그리고 '인기 콘텐츠'를 강조하기 위해 그 앞에서도 끊어 읽겠습니다. 참고로 문장에서 주어가 맨 앞에 나왔을 경우에는 주어를 잘 들리게 하기 위해서 주어 바로 다음도 끊으면 좋은데요. 명칭이 더 잘 들리기 때문입니다.

'책 속의 스피치'는 / 현재 구독자가 / 3만 7,000명에 달하며, / 오디오 클립 전체 랭킹 / 10~20위권에 속하는 / 인기 콘텐츠다. /

지금 이 문장보다 길이가 긴 문장이라면 지금처럼 기본적으로 끊을 곳을 표시한 후에 자신의 호흡에 따라 끊을 곳을 더 추가해 보세요. 끊었을 때 내용이 갑자기 뚝 끊기는 느낌이 들거나 어색하게 들리지만 않으면 됩니다.

이렇게 끊어 읽기를 하면서 고저와 장단을 함께 이용하면 좀 더 맛깔나게 표현할 수 있습니다. 예를 들어 여러 가지를 나열하면서 설명하는 문장의 경우 쉼표마다 끊어 읽게 되겠죠. 그때마다 끝 음을 똑같이 표현하면 말투가 굉장히 지루해질 수 있어요. 아래 예시를 표기에 따라 소리 내서 읽어 보세요.

포즈pause는 / '잠시 멈춤'인데, / 다른 말로 / '사이, / 휴지(休止), / 멈춤, / 중지'라고 한다.•

- 강연희, 이명신. 지와수. 『내 말은 그런 뜻이 아닌데』 232p

모두 단음으로 내려 읽을 경우는 이렇게 됩니다.

포즈 pause는↘ / '잠시 멈춤'인데,↘ / 다른 말로↘ / '사이,↘ / 휴지,↘ / 멈춤,↘ / 중지'라고 한다.↘ /

이렇게 끝 음을 모두 내려서 표현하면 딱딱하고 건조하게 들립니다. 그래서 끝 음을 내리기만 하는 게 아니라 같은 음으로 표현하거나 약간 올리는 것을 적절히 섞어 주는 겁니다. 여기에 끝 음을 살짝 늘려서 장음까지 추가하면 좀 더 친절한 느낌을 줄 수 있어요.

포즈pause는~↗ / '잠시 멈춤'인데, → / 다른 말로↗ / '사이, ↗ / 휴지,↘ / 멈춤~, → / 중지'라고 한다. ↘ /

여기에서 끊어 읽기의 길이, 그러니까 포즈를 더 길게 두면 또 다른 느낌이 들 수도 있습니다. 어디에서 얼마나 쉬느냐에 따라 강조가 되는 단어가 달라지고 전체적인 느낌도 다르게 표현할 수 있는 거죠.

이렇게 포즈만 잘 살려도 여유로운 느낌을 주고 전달력도 높일 수 있습니다. 물론 포즈를 자주 두더라도 포즈의 길이가 일정하거나 너무 짧으면 여유로운 느낌이 들기 어렵습니다.

발표할 때 유독 말이 점점 빨라지는 분들이 많은데요. 말이 빨라지니까 숨이 가빠지고 전달력은 더 떨어지죠. 이런 경우에는 말을 천천히 하려는 노력이 필요합니다. 비슷한 고민이 있는 분들은 아시겠지만, 말을 천천히 하는 것이 쉽지 않을 거예요. 그래도 중간중간 끊어서 쉬는 부분을 만드는 연습을 하면 됩니다. 말이 빠르더라도 포즈를 적절히 사용하면 지루하지 않으면서 전달력을 높일 수 있어요.

변호사와 회계사가
서로의 목소리를 원한 이유

만약 자신이 한 분야의 전문가이고 말하는 내용에 확신을 가지고 있더라도 말이 너무 빠르고 호흡도 가쁘다면 신뢰감이 느껴지기는 어렵겠죠. 또 목소리에 힘이 없거나 굉장히 하이 톤으로 이야기할 경우에도 그 사람의 말에서 전문성을 느끼기는 어려울 거예요.

그렇다고 아나운서처럼만 말한다고 해서 호감이 가는 것은 아니기 때문에 객관적이고 전문적인 느낌과 편안하고 친근한 느낌을 적당히 섞어서 말하는 것이 필요합니다.

비슷한 시기에 부드러운 느낌에 다정한 목소리를 가진 변호사님과 차갑고 전문적으로 보이는 회계사님을 만났어요. 변호사님의 보이스 컬러는 둥글고 다정한 컬러였고요. 회계사님은 현실적이고 도시적인 보이스 컬러를 가지고 계셨습니다. 재미있는 건 두 분은 서로 아는 사이가 아닌데도 상대방의 보이스 컬러를 갖고 싶어 했어요.

변호사님은 굉장히 둥글둥글하고 유하게 얘기하는 분이었는데 직업의 특성상 일을 할 때는 그런 자신의 말투가 좋지 않다는 거예요. 말투가 너무 부드럽게 느껴져서 의뢰인에게 상대측과 싸울 때 다 져줄 것 같다는 말을 들었다고 했죠. 그래서 좀 더 차가운 느낌이 드는 말투를 연습했습니다.

반대로 회계사님은 사람들이 자신에 대해 '똑똑해 보이지만 차가운 느낌이라 다가가기 어렵다'고 얘기한다며 차가운 말투를 고민했습니다. 그래서 상담할 때 좀 더 부드럽고 편안한 느낌을 주고 싶다고 하셨어요. 업무에서 만나는 사람들이 자신을 불편해하니 자문을 구할 때도 어려워하는 것 같다고 하면서요.

두 분은 직업적인 이유로 특정 말투를 원하셨지만, 실제로는 너무 한쪽에 치우친 목소리 표현보다는 양쪽의 느낌을 다 사용할 수 있다면 상대의 호감을 얻는 데 더 효과적입니다.

의외로 많은 분들이 '비즈니스에서는 딱딱하고 차갑게 말하는 게 더 좋은 것 아닌가?'라고 하더라고요. 그런데 사람들을 만날 때 너무 차갑거나 다가가기 어렵다고 느끼게 하는 것은 일에 있어서도 마이너스로 작용할 수도 있습니다.

회계사님의 경우처럼 마냥 차갑게만 얘기할 수는 없기 때문에 상황에 따라 친근하고 따뜻한 느낌을 전하고 싶을 때는 끝음의 길이를 길게 하고 음을 올려서 표현하면 좋습니다. 만약 발성이 좋아서 끝 음이 강한 분들이라면 7번이나 8번 보이스 컬러 카드인 명랑하고 유쾌한 느낌을 더 살릴 수 있습니다.

네에~ 안녕하세요.

네 안녕하세요.

그리고 어미를 짧게 올리면 자신감 있어 보이고 깔끔한 느낌을 줄 수 있는데요. 자신이 평소에 하는 말투와 다른 표현을 연습하면 처음에는 어색할 수 있어요. 하지만 생각하는 것처럼 인위적으로 들리지 않고 원하는 느낌으로 표현할 수 있으니 꾸준히 연습해 보세요. 끝 음을 다르게 표현하기가 어렵다면 어미를 다르게 사용하는 것만으로도 말투를 바꿀 수 있습니다.

먼저 어미를 바꾸는 방법은 '다'와 '요'를 적절히 섞어서 사용하는 것인데요. 문장의 어미가 '다'로 끝나면 좀 더 단호하고 객관적인 느낌을 줄 수 있고요. '요'로 끝나면 이야기가 뭔가 이어지는 것 같고 좀 더 친근하게 느껴집니다.

모든 문장의 어미가 '다'로 끝나는 경우

모든 어미를 '다'로 끝내면 더 객관적이고 전문적인 느낌을 줄 수 있지만 딱딱하게 느껴집니다. 예문을 볼까요?

엘리베이터 피칭에 대해 말씀드리겠습니다. 엘리베이터가 올라가는 짧은 시간 동안 진행되는 PT입니다. 짧은 시간 동안 피칭을 해야 되기 때문에 비즈니스의 핵심을 전달하는 능력을 보여주기도 합니다.
비즈니스에서는 투자자나 거래처 사람들이 시간 낭비를 원하지 않습니다. 그래서 짧은 시간에 자신의 아이템을 제대로 보여줄 수 있는지가 중요합니다.
이게 곧 대표님의 역량이 되는 겁니다.

모든 문장의 어미가 '요'로 끝나는 경우

모든 어미를 '요'로 표현하면 좀 더 친근한 느낌을 전할 수 있어요. 하지만 계속 어미에 '요'만 사용되기 때문에 상대적으로 가볍게 느껴지고 전문성을 전하기가 어렵습니다.

엘리베이터 피칭은요. 엘리베이터가 올라가는 짧은 시간 동안 진행되는 PT인데요.
짧은 시간 동안 피칭을 해야 되기 때문에 비즈니스의 핵심을 전달하는 능력을 보여주기도 해요.
비즈니스에서는 투자자나 거래처 사람들이 시간 낭비를 원하지 않잖아요. 그래서 짧은 시간에 자신의 아이템을 제대로 보여줄 수 있는지가 중요하고요.

이게 곧 대표님의 역량이 되는 거예요.

어미에 '요'와 '다'를 섞어 사용한 경우
 '요'와 '다'는 상황에 따라 섞어서 사용하면 좋습니다. 좀 더 편하게 말하는 상황과 전문적인 부분을 강조해야 할 때를 구분한 뒤 어미를 적절히 섞어서 얘기해 보세요.

> 엘리베이터 피칭은 엘리베이터가 올라가는 짧은 시간 동안 진행되는 PT를 말하는데요.
> 짧은 시간 동안 피칭을 해야 되기 때문에 비즈니스의 핵심을 전달하는 능력을 보여주기도 합니다.
> 비즈니스에서는 투자자나 거래처 사람들이 시간 낭비를 원하지 않잖아요. 그래서 짧은 시간에 자신의 아이템을 제대로 보여줄 수 있는지가 중요합니다.
> 이게 곧 대표님의 역량이 되는 거죠.

 여기에 고저와 장단을 적용해서 끝 음을 말하면 표현력이 더 풍부해집니다. 목소리 표현에서 음의 높낮이는 무게를 다르게 느껴지게 하는데요. 음을 올리면 좀 더 가볍게 느껴지고 반대로 음이 내려가면 무겁게 느껴집니다. 끝 음에 따라 분위기가 많이 바뀌죠.

표현에 무게가 생기면 좀 더 신뢰감과 안정감을 줍니다. 그래서 '다'의 음을 내리는 거죠. 여기에 음 길이를 짧게 단음으로 표현하면 좀 더 객관적이고 전문적인 느낌을 더할 수 있습니다. '요'는 앞 음절과 같은 음으로 표현하면서 길이를 늘이면 안정적이고 따뜻한 느낌을 줄 수 있고 살짝 올리면서 길게 표현하면 친근한 느낌을 줄 수 있습니다.

아래 표시한 기호대로 소리 내 읽어보면서 느낌이 어떻게 달라지는지 확인해 보세요.

엘리베이터 피칭은 엘리베이터가 올라가는 짧은 시간 동안 진행되는 PT를 말하는데요~→
짧은 시간 동안 피칭을 해야 되기 때문에 비즈니스의 핵심을 전달하는 능력을 보여주기도 합니다.↘
비즈니스에서는 투자자나 거래처 사람들이 시간 낭비를 원하지 않잖아요~↗
그래서 짧은 시간에 자신의 아이템을 제대로 보여줄 수 있는지가 중요합니다.↘
이게 곧 대표님의 역량이 되는 거죠~→

변호사님과 회계사님은 자신의 원래 목소리 표현과 다른

표현을 연습했는데요. 변호사님은 차갑고 전문적인 말투를, 회계사님은 부드럽고 따뜻한 느낌의 말투를 연습했습니다. 꼭 직업적으로 필요해서가 아니라도 평소에 이야기할 때 어미를 적절히 섞어서 말할 수 있도록 의도해서 연습해 보세요. 이런 스킬을 충분히 연습하면 상황에 따라 내가 원하는 느낌으로 목소리를 표현할 수 있습니다.

지적은 해야겠는데
기분 나쁘게 하긴 싫을 때

요즘 젊은 친구들이 너무 힘들다는 과장님이 계셨어요. 신규 프로젝트 진행 중 기획서를 담당한 1년 차 대리에게 하나하나 자세히 업무를 알려주고 보완 사항을 얘기했는데 자기 자리로 돌아가서는 프로젝트 파일을 '쾅!' 하고 거의 던지다시피 놨다는 거예요. 순식간에 사무실 분위기가 얼어붙었고 과장님도 순간 너무 화가 나서 소리를 지를 뻔했지만, 모든 인내심을 끌어와서 모른 척하고 넘어갔다고요. 그런데 그 후로 무슨 말도 못 하겠다는 거죠.

앞으로도 일을 같이하려면 지시하거나 지적해야 하는 상황이 올 텐데 제대로 배우려고 하지는 않고 까칠하게 굴어서 어떻게 해야 할지 모르겠다고 하셨어요. 당연히 해야 하는 일인데도 달래가며 해야 하는 것 같아서 너무 힘들다면서 '우리 때는 위에서 시키면 그냥 했는데…'하고 웃으셨어요.

세대도 다르고, 생각도 다른 여러 사람이 모인 직장에서는 갈등이 생길 수밖에 없는 것 같아요. 특히 상사가 부하직원에게 지적하거나 추가 업무를 지시해야 할 때는 그 말을 하는 사람도 듣는 사람도 불편할 수밖에 없는 상황이죠. 이런 불편한 감정이 이미 깔려 있기 때문에 듣는 사람은 말 한마디에 더 민감하기도 합니다. 그런데 자신은 상대를 불편하게 하려는 의도가 전혀 없었으니 말 때문에 기분 나빠할 거라고는 생각하지 않는 거예요.

과장님은 낮은 목소리를 가진 경상도 분으로 사투리 억양이 세고 끝 음이 강하고 짧은 말투였어요. 보이스 컬러 카드로 보면 35번(냉철한)과 36번(지시적인) 이미지에 해당하는데요. 이 카드는 깊이 있고 침착하고 전문적인 느낌을 주는 목소리지만 차갑고 강압적으로 들릴 수 있습니다. 낮고 차가운 말투에 억양도 세고 대화하는 상대보다 지위가 높으니 지시하는 상황에서 상대방이 편하게 듣기 어려웠던 거예요.

현재의 목소리 이미지

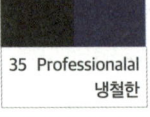 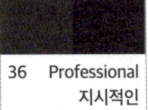

또 내용적인 부분에서도 과장님은 상대방이 고생했으니까 잘했다고 칭찬을 먼저 했고 이어서 수정할 부분을 얘기했다고 하셨어요. 이렇게 말이죠.

잘했어~ 잘했는데, 조금만 수정하면 될 것 같아요. A 부분은 어떻게 하면 되고, B 부분은 어떻게 해야 하고, C는 이렇게 바꿔야 합니다. 이해하셨죠?

그냥 봤을 때는 '이게 뭐가 문제지?'라고 생각할 수도 있습니다. 말하는 사람 입장에서는 아주 친절하게 알려준 거잖아요. 그런데 듣는 사람 입장에서는 다르게 들릴 수도 있습니다.

칭찬할 때 잘했다는 말에 '그런데'가 붙으면 정말 잘해서 칭찬한 게 아니라 다음 말을 하기 위해 그냥 꺼낸 말이라고 생각됩니다. 차라리 '잘했다고 하지 말고 그냥 말하지' 싶은 거죠. 그러면서 지적 사항이 계속 반복되니 그동안 고생했던 것 자체가 부정당하는 느낌이 드는 거예요. '진작에 말하든가, 왜 다하니까 이제 와서 이래'라고 생각할 수 있어요.

과장님 입장에서는 이런 과정도 업무에 대한 트레이닝이라고 생각했고 수정을 해야 기획서를 완료할 수 있는데 까칠한 반응으로 돌아오니 당황스러웠습니다. 이렇게 지적이나 지시를 하는 상황이 아니라도 끝 음이 강한 사람들은 속마음이나 의도와는 상관없이 상대방의 오해를 받기도 해요. 저도 경상도가 고향이라서 자기주장을 강하게 한다는 얘기를 종종 들었고요. 그래서 과장님의 입장에 더 공감이 됐어요.

과장님은 억양의 세기로 인해 말이 강하게 들리는 것을 줄이기 위해 음절의 강약과 높낮이를 동일하게 내는 연습을 했습니다. 먼저 억양은 음절을 같은 음으로 내면서 늘려가는 연결 연습을 주로 했어요.

이 연습은 사투리를 바꾸고 싶은 분들에게도 도움이 됩니다. 사투리가 표준어와 다르게 느껴지는 이유는 특정 지역에서만 사용하는 어휘와 억양 때문이에요. 같은 말이라도 억양이 달라지면 느낌이 달라지거든요. 그래서 사투리 억양을 바꾸는 연습을 할 때는 음절의 높낮이에 변화가 크지 않도록, 아나운서처럼 읽는 연습을 많이 합니다.

거기에다 과장님은 원래 가진 목소리보다 좀 더 부드럽게 느껴지는 21번(객관적인) 카드와 28번(신중한) 카드의 이미지를 원하셨기 때문에 페이드아웃을 연습했어요. 이렇게 말투가 강하지 않고 부드럽게만 들려도 지적하는 상황에서 강압적인 느낌을 줄일 수 있습니다.

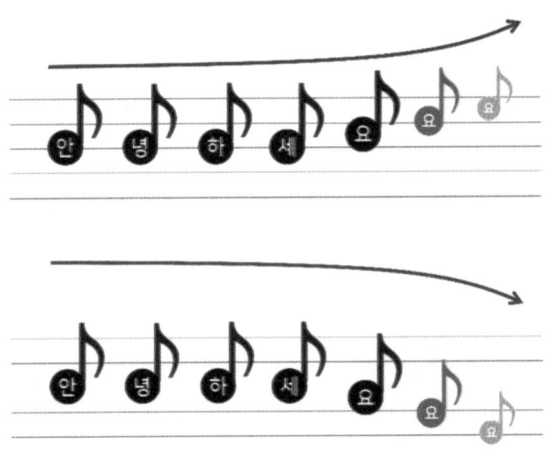

억양을 연습한 후에는 조금 더 부드럽게 들릴 수 있도록 평소 말투와 다르게 말하는 스피치 연습을 했습니다. 업무니까 지적을 안 할 수는 없어요. 하지만 같은 의미라도 다르게 말하면 듣는 사람이 불편함을 덜 느끼게 할 수 있습니다.

용건을 바로 얘기하기보다는 상대방의 노고를 인정하는 말을 먼저 하면 좋은데요. 잘 된 것과 아쉬운 부분을 함께 말하는 식으로 말의 순서를 바꾸면 상대방도 덜 불편하고 말의 느낌도 더 부드러워집니다.

첫 번째로 이름을 불러주면서 얘기를 시작하면 상대방을

① 호칭 넣기 & 상황 읽어주기 & 인정 멘트	○○ 님(~씨) 이틀 동안 고생하셨습니다. (고생 많으셨어요 or 처음 작성하느라 힘드셨죠.)
② 목적	프로젝트를 기간 내에 완성하려면~ 우리가 목표한 지점까지 달성하려면 이 부분이 중요해서~ 보고서의 완성도를 높이려면~
③ 수정 내용 & 예시와 대안	A 부분은 어떻게 하면 되고, B 부분은 어떻게 해야 하고, C는 이렇게 바꿔야 합니다.
④ 잘한 부분 칭찬(fact) & 제출 기한	그래도 이런 부분은 좋더라고요. 이런 식으로 수정해서 3일 후에 다시 봐요. or 목요일 오후 5시에 다시 봐요.

존중한다고 느끼게 할 수 있습니다. 그리고 '이틀 동안 고생하셨어요'처럼 상황을 읽어주는 말만 해도 노고를 인정해 주는 느낌이 듭니다. '처음 작성하는데 많이 힘들었죠'도 상황과 감정을 읽어주는 말이에요. 이렇게 상대방의 입장을 알아주기만 해도 대화가 부드러워집니다.

두 번째로 목적을 먼저 얘기하는 것이 좋습니다. 목적을 말하는 것만으로도 노력의 결과가 별로라는 게 아니라 우리의 목표를 위해 업그레이드한다는 의미가 되거든요. 작성해 온 기획서 자체를 지적하는 게 아니라 이 기획서의 완성도를 높여서 목표를 이루자는 겁니다. 그럼 상사와 이야기하는 시간도, 기획서를 수정하는 시간도 스스로 성장하는 것이라는 느낌이 들 수 있습니다.

목적과 함께 지적 사항을 다 전달했다면 마지막은 칭찬으로 마무리하는 것이 필요합니다. 칭찬할 때는 억지로 만들어서 하기보다는 사실에 기반해서 이야기하는 것이 좋습니다. 예를 들면 '표가 깔끔해서 한눈에 들어왔다'라든가, '추가 아이디어가 정말 좋았다'거나 '자료 수집을 잘했는지 A 관련 데이터가 잘 정리됐다' 등 지적한 사항과 다른 내용으로 칭찬을 하는 거죠.

여기서 주의해야 할 것은 부정적인 내용 앞에 칭찬을 붙이면 안 된다는 것입니다. 칭찬을 먼저 한 후에 부정적인 말을 하면 먼저 했던 칭찬을 부정하는 느낌을 줄 수 있기 때문입니다. 말의 시작은 상황이나 감정 읽어주기만 하고 칭찬은 마지막에 해야 칭찬이 칭찬으로 받아들여집니다.

이 내용을 직접 실천했을 때 생각처럼 잘되지 않을 수 있습니다. 있는 그대로 사실을 말하는 건데도 하나부터 열까지 신경 써야 하는 것도 쉽지 않고요. 일만 잘하기에도 바쁜데 듣는 사람의 감정과 기분까지 고려해야 하니 더 그렇죠.

실제로 기업에서 임원진들을 대상으로 비슷한 내용의 강의를 하면 정말 힘들다는 얘기를 많이 하세요. 얼마나 황당한 일이 있었는지, 그게 심적으로 얼마나 스트레스인지 속마음을 털어놓기도 하시고요. 그러면서 이런 방법들이 정말 하나도 받아들여지지 않는 신입 사원들에게는 어떻게 하냐고 질문을 하십니다.

뭘 해도 무조건 부정하고 기분 나빠하는 사람도 있고 무엇이든 긍정적으로 받아들이는 사람도 있잖아요. 하지만 대부분의 사람은 백 프로 부정적이지도, 백 프로 긍정적이지도 않습니다. 상대방의 말에 따라 태도가 바뀌는 경우가 더 많죠.

모두를 만족시키기는 어렵지만 말 한마디를 더하는 것만으로도 더 많은 사람을 내 편으로 만들 수 있으니, 여러분도 시도해 보세요.

왜 다들 나한테
까칠하다고 하지?

지적이고 세련된 이미지의 21번(객관적인)과 34번(전문적인) 카드의 보이스 컬러를 가진 분이 오셨어요. 직장 동료에게 '너무 까칠해서 무슨 말을 못 하겠어'라는 얘기를 듣고 온 분이었죠.

둘 다 차가운 분면의 목소리라서 냉정하게 느껴질 수 있다고 했더니 일할 때 딱 필요한 말만 하는 게 업무에 더 도움이 되기 때문에 목소리나 말투를 바꾸고 싶은 건 아니라고 했습니다. 동료들과 사적으로 친하게 지낼 생각은 없다며 그저 트러블만 없으면 좋겠다고 했죠.

| 현재 목소리 이미지 = 원하는 목소리 이미지 |

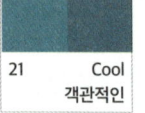 

그동안은 적당한 거리를 잘 유지하고 있다고 여겼는데 매일 보는 사람들과 관계가 껄끄러워지는 게 불편하다며 좀 더 부드럽게 말하는 것을 배우고 싶다고 했습니다. 그래서 몇 가지 업무와 관련된 상황에서 어떻게 얘기했는지 들어봤어요.

Q. 잠깐 이 업무 좀 봐주실 수 있으세요?
A. 그건 저희 팀 소관이 아니잖아요. 그쪽 팀에서 알아서 처리하셔야죠.

Q. 저희가 월요일까지 다시 드리면 될까요?
A. 문서로 언제까지 하시면 된다고 이미 다 공지를 한 내용인데, 월요일 오후 4시까지 주시면 됩니다.

Q. 잠깐 이것 좀 봐주실 수 있으세요?
A. 지금은 바빠서 안 돼요.

A처럼 사실만 간결하게 얘기하면, 그 이야기가 사실이고 맞는 말이라 하더라도 상대방은 기분이 나빠집니다. 말한 사람은 그저 팩트를 확인해 준 것이지만 직설적으로 본론만 말했기 때문에 듣는 사람은 '내가 뭐 실수했나?'라는 생각이 들수 있거든요.

차가운 말투의 이미지이기 때문에 듣는 사람 입장에서는 자신이 부정당했다고 느껴지고 상대가 자신에게 화가 났다고 생각할 수 있습니다. 뒤돌아서면서 '이거 물어본 게 잘못이야? 이게 이렇게 화낼 일이야?' 이런 생각이 들면 그때부터 관계가 어긋나게 되는 거죠.

말투가 차가워도 내용을 바꾸면 한결 부드럽게 전할 수 있습니다. 업무를 잠깐 봐달라는 요청이 들어왔을 때 돕기 어려운 상황이라도 '아~ 무슨 무슨 업무요~'라며 받아주는 말을 하는 것이 필요합니다. 만약 도울 마음이 있다면 '저희 팀 소관은 아니지만 제가 좀 더 알아봐 드릴까요?'라고 상대에게 여지를 줄 수 있습니다. 도울 수 없는 상황이라면 '아~ 무슨 무슨 업무요. 이건 저희 팀 소관이 아니라 제가 확인해 드리기는 어려운데 어쩌죠?'처럼 둘러서 우회적으로 거절할 수 있어요. '그 업무는 저희 팀 소관이 아니잖아요. 그쪽 팀에서 알아서 처리하셔야죠'처럼 업무의 소관을 명확히 말하는 건 상대를 탓하는 것처럼 들릴 수 있습니다.

두 번째 예시였던 제출 기한에 대한 답변도 말하는 사람은 이미 공지가 됐다는 사실을 말했을 뿐입니다. 하지만 그 사실을 확인하지 못했거나 기억 못 한 상대방은 자신을 탓하는 것처럼 들립니다. 앞의 말을 빼고 그냥 '네~ 월요일 오후 4시까지 주시면 됩니다'만 말해도 친절하다고 느껴질 수 있어요.

세 번째 예시에서는 단호하게 지금은 바빠서 안 된다고 거절했는데 '아~ 미안해요. 지금은 급하게 처리할 게 있어서 보기 어려운데 *시 이후는 어떠세요?'라고 말했다면 훨씬 부드

아~ 미안해요.	→	① 상대의 감정을 배려하는 말
지금은 급하게 처리할 게 있어서 보기 어려운데	→	② 이유
*시 이후는 어떠세요?	→	③ 본론(결과)
내일 오전에 봐도 괜찮을까요? 급하면 **님께 부탁드려보면 어떨까요?	→	④ 행동 혹은 대안을 청유형으로

럽게 들렸을 거예요.

이렇게 권유나 부탁하는 상황에서도 이유를 먼저 말하면서 마지막을 청유형으로 끝내면 강압적인 느낌이 줄어들고 친절하게 들립니다.

우리는 자기 주체성을 가지고 있기 때문에 무엇인가 행동할 때는 스스로 결정하길 원합니다. 청소하려고 청소기를 들어도 엄마가 '청소 안 해?'라고 물어보면 갑자기 하기 싫어지는 것처럼 누군가 시키면 하기 싫어지는 거죠. 그래서 나 이외에 다른 사람이 나의 상황이나 감정을 판단하면 실제로 그렇다고 하더라도 거부감이 들게 됩니다.

꼭 참석해야 하는 회식을 앞두고 빠지겠다고 하는 사람을 설득하는 상황입니다. A와 B 모두 잠깐 왔다 가라며 해결책을 제시했는데요.

- A 다들 모이는 전체 회식이니 급한 일이 아니면 참석해요. 왔다가 일찍 가면 되잖아요.
- B 다들 모이는 전체 회식이니 급한 일이 아니면 잠깐이라도 얼굴 비치는 건 어떨까요?? (잠깐이라도

앉았다 가는 건 어떨까요?)

A는 '급한 일이 아니면 참석해요'라고 지시형으로 얘기했기 때문에 듣는 사람에 따라 '왜 내 행동을 자기가 정하는 거지?'라고 생각할 수도 있습니다. 이런 생각을 하지 않더라도 기분이 좋지는 않죠. 참석하는 행위에 대한 결정을 A가 한 게 되었으니까요. 하지만 B는 '참석하면 어떨까요?'라고 청유형으로 물었기 때문에 참석 여부에 대한 결정을, 이야기를 듣고 있는 상대방이 선택할 수 있도록 했습니다.

결국 상대방을 설득하는 말은 배려하는 마음에서 시작합니다. 같은 마음이라도 그 마음을 전달하는 방식에 따라 받아들이는 사람은 다르게 느껴지죠. 상대를 존중하는 마음은 있지만 어떻게 표현해야 할지 모르겠다면 이 순서를 공식처럼 기억해 보세요.

배려하는 설득의 말
= 상대의 감정을 받아주는 말 + 이유 + 본론 + 청유의 말

부드럽고 단호하게
거절하고 싶을 때

기업에서 스피치 교육을 의뢰받으면 듣는 분들이 어떤 걸 배우고 싶어 하는지, 무엇이 필요한지 알고 싶어서 강의 전에 설문을 진행하는데요. 생각보다 많은 분들이 거절하는 방법을 궁금해하세요. 거절하면 상대방이 기분 나빠할까 봐 걱정된다는 거예요.

매일 마주치고 함께 일하기 때문에 크고 작은 거절을 하거나 부탁하는 상황이 생길 수밖에 없잖아요. 그때 혹시라도 상대방과의 관계가 불편해질까 봐 무슨 말을 어떻게 해야 할지 모르겠다는 거죠. 예를 들어 이런 경우들이 있겠죠.

- 회식 자리나 술자리에서 빠지고 싶을 때
- 업무와 관련된 부탁을 받았는데 너무 바빠서 어쩔 수 없이 거절해야 할 때
- 팀원이 모두 야근하는데 갑자기 집에 일이 생겨서 들어가야 할 때
- 갑자기 업무량이 많아져서 동료들에게 SOS를 칠 때

특히 회식이나 술자리에서 빠지고 싶을 때 거절하는 방법을 궁금해하는 분들이 정말 많아요. 자신은 거절한다고 하는데 계속 청하니까 마지못해 끌려가는 경우가 많거든요. 단호하게 딱 잘라 거절하기 힘든 상대나 그런 상황이라면 안 된다는 말을 아예 못 꺼내기도 하고요.

어떻게 하면 거절할 수 있을지 눈치를 보며 타이밍을 재고 있는데 누군가가 먼저 나서서 '저는 선약이 있어서 참석이 어려울 것 같습니다. 죄송합니다'하고 먼저 빠져나가 버리면 더 입을 떼기가 어려워져요. '다들 빠지는데 나라도 가야 하나?' 이런 생각도 들고요.

- 저는 선약이 있어서 먼저 가보겠습니다.
- 선약이 있어서 참석이 어려울 것 같습니다. 죄송합니다.

- 집에 일이 있어서 안 될 것 같습니다.
- 죄송합니다. 개인적인 일이 있어서 참석이 어렵습니다.

사실 이렇게 칼같이 거절하면 되지만 이런 단호한 거절로 트러블이 발생할 수도 있다는 걸 알기 때문에 거절이 어려운 거죠. 거절을 잘하고 싶은 분들은 이렇게 단호하게 말하는 게 부담스러울 거예요. 또 그 말을 듣는 사람이 불편하게 느끼는 것도 싫고요.

그렇다고 상대방이 원하는 걸 모두 다 들어줄 수는 없잖아요. 상대방을 존중하는 만큼이나 나 스스로를 존중하는 것도 중요하니까요. 그럼 어떻게 거절하는 게 좋을까요? 거절의 공식을 알려드릴게요.

단호하게 거절하는 방법	
① 상대의 감정을 배려하는 말	죄송합니다. or 죄송해요.
② 이유	제가 한 달 전부터 동창들과
③ 본론(결과)	약속을 잡아서
④ 행동 혹은 대안을 청유형으로	오늘은 참석이 어렵습니다. 다음 회식 때 참석해도 괜찮을까요?

의외로 '죄송합니다'라는 말을 안 하는 분들이 많습니다. '회식에 참석하지 못하는 것이 죄송한 일도 아닌데 꼭 죄송하다고 해야 하나?'라고 생각할 수도 있어요. 하지만 여기에서 죄송하다고 말하는 것은 상대에게 잘못해서 미안한 것이 아니라 거절하는 상황에서 상대의 감정을 배려하기 위한 말입니다.

그리고 결과를 먼저 말하기보다는 상황과 이유를 말하는 것이 더 좋은데요. 대부분의 사람은 이유를 알면 거절을 당하더라도 크게 화가 나지 않습니다. 자신이 싫어서 거절하는 게 아니라 그럴만한 이유와 상황이 있어서 어쩔 수 없이 거절하는 거로 생각하니까요. 그래서 '개인적인 사정'처럼 두루뭉술하게 얘기하기보다 구체적으로 상황을 설명하는 것이 좋아요. 그러면 듣는 사람도 이유를 알기 때문에 상대방의 거절을 이해할 수 있게 됩니다.

이유를 말하면서 거절을 확실히 한 후는 그다음을 청유형으로 얘기하면 더 좋아요. 예를 들면 '다음 회식 때 참석해도 괜찮을까요?'처럼 다음을 기약하는 거죠. 만약 갑작스러운 회식 제안이 문제라면 '다 함께 있는 점심시간에 하면 어떨까요?'라든지 '모두 가능한 날을 다시 잡아 볼까요?' 이렇게 얘기하는 것도 좋습니다.

결국 거절에서 중요한 것은 상대를 이해시킬 수 있는 이유와 함께 다음을 기약하는 것입니다. 사회생활을 하면서 한 번도 모임에 참석하지 않기는 어려우니까요. 이런 거절이 영원할 수는 없습니다.

매번 같은 이유로 거절하는 것도 상대방을 존중하지 않는 느낌을 줄 수 있습니다. 만약 특별한 이유가 없지만 너무 피곤한 날 회식에 가자는 말을 들었다면 솔직하게 컨디션이 너무 안 좋다고 말하는 것이 더 좋을 수도 있어요. 상황을 모면하려고 거짓말을 하거나 두루뭉술하게 말하는 것은 오해를 불러오기도 하니까요.

거절하는 상황이 아니라도 불편한 상황에서 이유를 함께 말하면 상대방이 나의 행동을 오해하는 것을 줄일 수 있습니다. 출근길에 길이 막혀 출근 시간보다 늦어질 때를 예를 들어 볼까요?

A 10분 정도 늦을 것 같습니다.
B 길이 막혀 10분 정도 늦을 것 같습니다.

C 죄송합니다. 도로 공사로 길이 많이 막혀서 10분 정도 늦을 것 같습니다. 최대한 서둘러 가겠습니다.

출근길에 길이 막혀서 늦어지는 상황에서 '누가 A처럼 말해?'라고 생각할 수도 있지만 A처럼 얘기하는 사람이 생각보다 많이 있습니다. 어차피 지각을 피할 수 없는 상황에서 구구절절하게 상황을 얘기해 봐야 의미가 없다고 생각할 수 있기 때문이죠.

그런데 듣는 사람 입장에서는 다르게 느껴져요. A의 말보다는 B의 말이 왜 늦었는지 좀 더 이해할 수 있고, B의 말보다는 C의 말을 들었을 때 더 너그럽게 받아들일 수 있게 됩니다.

이렇게 상대방의 감정을 배려하는 말을 먼저 하거나 말하

쿠션 멘트	① 상대의 감정을 배려하는 말	죄송합니다.
쿠션 멘트	② 이유	도로 공사로 길이 많이 막혀서
본론	③ 본론(결과)	10분 정도 늦을 것 같습니다.
쿠션 멘트	④ 행동	최대한 서둘러 가겠습니다.

려는 주요 내용의 앞뒤에 상황을 읽어주는 말을 쿠션 멘트라고 하는데요. 지적, 거절, 지시 등의 불편한 상황에서 쿠션 멘트를 사용하면 불편한 말도 부드럽게 들립니다.

상대의 잘못을 지적할 경우 상대의 노고를 인정하는 말로 시작해서 지적 후에 잘된 부분에 대한 칭찬을 붙이거나, 지시할 때 상대의 상황과 입장을 알아주는 말로 말문을 여는 것도 좋은 쿠션 멘트가 됩니다.

나는 그냥 한 말인데
왜 자꾸 싸움이 되지?

좋아하는 동생 부부와 오랜만에 만나 수다를 떨었어요. 동생은 애교가 많고 상냥한 스타일이라 둘은 싸우지도 않을 것 같다고 했더니 동생 남편이 "어휴~ 말도 마세요. 조곤조곤하게 매일 혼내요."라고 하는 거예요. 그러면서 최근에 둘이 작은 일로 다툰 얘기를 하더라고요.

남편 : 우리 어제 먹었던 빵 어딨지?
아내 : 왜? 내가 아까 치운다고 했잖아. 왜, 그거 먹으려고?

동생 남편은 빵이 어디 있냐고 물어봤을 뿐인데 이렇게 눈치를 줬다고 했어요. 그러자 동생은 그냥 물어본 건데 예민하게 군다며 억울해하는 거예요. 동생의 남편은 한두 번 들으면 괜찮았는데 자꾸 들으니까 '내가 뭘 잘못 물어봤나? 물어보면 안 되나?' 이런 생각이 든다고 했어요.

현재의 목소리 이미지

동생의 보이스 컬러 카드는 10번(여성스러운), 12번(친근한)으로 부드러운 이미지를 가졌는데요. 목소리가 상냥하고 부드러워도 말의 내용에 따라 상대방을 책망하는 것처럼 들릴 수 있습니다. 우리나라 말은 '아' 다르고 '어' 다르니까요.

듣는 사람의 입장에서 이 답변이 불편하게 들린 이유를 분석해 볼게요. '왜'라고 시작하는 말은 자신의 질문에 대한 답변은 아니에요. 오히려 빵을 찾는 이유를 묻는 말이 됐어요. 물론 대화하면서 '왜'라는 질문이 한 번 정도 나올 수는 있어요. 하지만 이 답변에서는 두 번이나 반복해서 나왔습니다. 이렇게 상호작용 없이 질문을 연이어 들으면 추궁당하는 느낌이 들 수 있어요.

'왜'라는 어휘 안에는 행동의 이유를 자신에게 납득시키라는 의미가 내재하고 있기 때문에 커뮤니케이션에서는 긍정적인 느낌을 주기 어렵습니다. 상담 심리와 코칭 심리에서도 '왜'라는 질문은 부정적인 느낌을 전달할 수 있기 때문에 피하는 것이 좋다고 해요.

또 '내가~했잖아'라는 표현 때문에 내 말을 못 알아듣고 왜 또 묻냐는 식의 책망처럼 느껴질 수 있습니다. '내가'라는 말이 강조되면서 상대방에게 내 말을 우선해야 한다는 느낌을 주게 되니까요. 어릴 적 엄마에게 혼날 때 '왜 그랬어? 엄마가 그러지 말라고 했어? 안 했어? 왜 그러는 거야?' 라는 말을 들으면 점점 기가 죽잖아요. 엄마 입장에서는 안 된다는 걸 강조하려던 것일 텐데 말이죠.

예시와 같은 답변이 한두 번 정도라면 그냥 넘어갈 수 있을 거예요. 그런데 말은 습관이기 때문에 사람마다 비슷한 패턴을 반복합니다. 매번 대화할 때마다 질문으로 답하는 말을 들었다면 불편해질 수 있는 거죠.

만약 질문에 답을 먼저 하고 나서 상대방의 상태를 궁금해하는 질문이나 상대의 의사를 물었다면 어땠을까요? 작은 차이지만 조금만 신경 쓰면 상대방을 배려하는 느낌을 주고 오해가 되거나 서로 기분이 상하는 일도 없을 거예요.

남편 : 우리 어제 먹었던 빵 어딨지?
아내 : 응~ 빵 아까 내가 치웠어. 배고프면 꺼내줄까?

상대방에게 배려하는 느낌을 주고 말을 부드럽게 할 수 있는 가장 쉬운 방법은 앵무새 기법인데요. 앵무새 기법은 상대방의 말에 바로 답을 하는 것보다 상대방이 사용했던 단어를 똑같이 사용하거나 감정을 알아주는 말을 먼저 하는 것입니다.

예를 들면 질문에 답을 할 때 A처럼 사실만 말하기보다 B처럼 '아 그 옷~.'하고 상대방의 말을 받아주는 말을 먼저 하는 거죠.

Q. 이번에 산 내 남색 티셔츠 어디 있어?
A : 내가 빨래 돌렸어.
B : 아, 그 옷, 내가 빨래 돌렸어.

감정을 읽어주는 말이 있을 때와 없을 때도 비교해 보면, 상대방에게 전해지는 온도 차가 커지는 걸 알 수 있습니다.

Q. 왜 이렇게 전화를 안 받아. 걱정되게.
A : 뭐 이런 걸로 걱정하고 그래. 가방에 넣어뒀는데 전화가 꺼진 줄 몰랐어.
B : 많이 걱정했어? (걱정하게 해서 미안해.) 가방에 넣어뒀는데 전화가 꺼진 줄 몰랐어.

B와 같이 많이 걱정했냐며 상대의 감정을 먼저 읽어주는 말을 하면 그 말을 듣는 사람은 걱정했던 자신의 마음을 알아주는 것 같아서 그동안 조바심 났던 마음이 누그러집니다. 그런데 상대방이 걱정했다고 하니 괜히 미안하고 민망한 마음에 A처럼 툭하고 얘기하는 사람도 많은데요. 이렇게 말하면 듣는 사람은 자신의 걱정이 쓸모없는 것처럼 느껴지고 마음을 부정당한 것 같아 기분이 나빠집니다. 상대방 입장에서는 연락이 안 된 사람이 오히려 적반하장이라고 생각하게 되는 거예요.

감정을 받아주는 말을 할 때는 조심해야 하는 게 있는데요. 상대의 감정을 내가 다 안다는 식으로 느끼지 않도록 지

레짐작해서 말하면 안 된다는 것입니다. 상대의 상황이나 감정을 아는 것처럼 얘기하면 자기 개인 사정을 상대가 마음대로 판단했다고 느끼기 때문입니다. 이 부분만 주의하면 평소 사람들과 대화할 때 더 부드럽게 대화를 이끌어 갈 수 있습니다.

앵무새 기법은 미팅이나 영업을 할 때, IR 피칭 또는 사업설명회 후 질의응답 같은 비즈니스 상황에서 적용하는 것도 좋은데요. 상대방의 이야기를 잘 이해했다는 메시지와 함께 질문에 대한 핵심을 대답하겠다는 것이 자연스럽게 드러나기 때문입니다.

상대방의 단어를 똑같이 사용한 경우
Q. 대표님 기업만의 차별점은 무엇입니까?
A. 네, 저희 기업만의 차별점은~

상대방 말의 핵심 의미를 받아준 경우
Q. 앞으로 제품을 어떻게 알릴 생각입니까?
A. 저희 제품의 홍보 방안은~

기획은 좋은데
PT에서 떨어진다면

평소 아이디어가 좋다는 얘기를 많이 듣고 사람들과 관계도 좋은 유명 마케팅 기업의 광고 기획자가 요즘 자신의 제안이 잘 통과되지 않는다며 비즈니스 스피치를 배우러 오셨어요. 전사적인 킥오프 회의에서 기획에 대한 프레젠테이션을 한 후 투표하는 방식으로 시스템이 바뀐 이후로는 계속 성적이 저조했다는 거예요.

그전에 아이디어를 모아 기획을 하고 제안서를 낼 때는 항상 좋은 결과를 냈다면서 '내가 프레젠테이션을 못해서 선정되지 않았구나' 싶었대요. 기획을 아무리 잘해도 프레젠테이션을 못하면 앞으로도 계속 떨어지겠다는 생각이 들어서 다른 사람을 설득하는 프리젠테이션 방법을 배우러 온 거죠.

그래서 수업에서 떨어졌던 발표를 그대로 해보면서 다시 점검해 보자고 했어요. 그래야 자신이 잘하는 부분과 보완이 필요한 부분이 무엇인지 분석할 수 있고 어떤 것을 바꿔야 더 좋은 프레젠테이션이 될지 알 수 있기 때문이에요.

클라이언트의 요구사항은 아래와 같았습니다.

1. 광고 채널 : 지하철, 버스정류장 등 옥외 매체
2. 모델 활용 유무 : 유명 모델 활용
3. 광고 내용 : 모델을 활용, 소비자들이 제품에 호기심을 느끼게 하여 구매하도록 유도

이에 맞춰 유명 모델이 일상생활에서 제품을 자연스럽게 사용하는 장면을 노출하며 일반 소비자들도 공감할 수 있는 광고를 기획했습니다. 제품과 광고 내용에 대해 자세한 이야기를 할 수 없는 게 너무 아쉽지만 정말 기발하고 재미있는 기획이었어요. 그럼 처음 가져온 스피치 내용을 살펴볼까요?

Before

저는 광고 기획에 앞서 클라이언트사의 니즈를 자세하게 확인해 봤습니다. 제품에 낯선 소비자들이 제품에 호기심을 느껴 구매하도록 하기 위해 유명 모델을 활용한 광고를 요청했는데요.

소비자는 제품이 낯선 상태이기 때문에 제품 자체를 설명해서 설득시키기보다는 유명 모델을 활용해 제품의 접근성을 높이고 제품에 대한 중독성을 표현하는 것이 후킹 포인트라고 생각했습니다.

그래서 저는 광고의 방향성에 맞춰 보시는 바와 같이 3가지로 정리를 했습니다.

첫째, 모델을 효과적으로 활용하여 유명인도 제품을 사용하는 소비자가 되도록 구성할 것

둘째, 제품을 설명하며 설득하기보다는 제품의 매력과 중독성을 표현하여 후킹 할 것

셋째, 요청안에 있듯이 옥외매체의 TPO에 맞춘 내용일 것

이에 따라 아이디어를 정리해 봤고, 그 내용이 자료에 있습니다.

얼핏 보면 내용 정리도 잘되어 있고 말도 잘한 것처럼 보여

요. 하지만 서론이 길어서 정말 할 말은 빠진 발표입니다.

첫 번째로 다른 방식으로 정리를 했을 뿐 같은 내용을 반복해서 말하고 있고 중복되는 어휘도 많아요. 또 클라이언트의 니즈를 파악하는 자리가 아니라 니즈에 맞춘 아이디어를 말하는 자리였는데 그 자리에 있는 모두가 아는 정보를 다시 정리하면서 시간을 소모했습니다. 고객의 니즈를 정리해서 상기시키려는 목적은 알겠지만, 자기 아이디어의 타당성과 연결시키지 않으면 아는 이야기를 반복하는 게 됩니다. 마지막으로 발표를 시작하자마자 어떤 아이디어로 어떻게 광고할지를 말하지 않은 것이 가장 아쉬웠어요.

만약 이렇게 얘기했다면 어땠을까요? 처음부터 자기 아이디어를 얘기하면서 어떤 결과를 의도하고 기획했는지 목적을 함께 말하는 거죠.

After
제 아이디어는 클라이언트의 니즈와 옥외 매체의 특성에 맞춰 제품의 중독성을 표현하는 스토리텔링입니다.
예를 들면 유명 배우 ○○ 님이 버스를 기다리거나,

쉬는 날 거실에 누워있을 때, 친구들과 만났을 때 등 일상에서 제품을 중독적으로 사용하는 모습을 보여주는 것입니다.

여기에 요즘 대세라는 것이 강조되도록 '너도 ○○○야?'와 같은 서브 카피를 함께 노출해서 소비자가 자신의 상황과 광고를 결합해 인지할 수 있도록 기획했습니다.

디자인도 TV 광고와 톤 앤 매너를 맞춰 버스정류장이든, 지하철역이든 언제 어디서 광고를 접하더라도 같은 이미지를 떠올릴 수 있도록 했습니다.

결론을 먼저 간결히 말하며 핵심을 전달하는 비즈니스 스피치 수업을 한 후에 프레젠테이션을 잘해서 기획이 통과되었다는 연락을 받았어요. 정말 기분이 좋더라고요.

이 광고 기획자님처럼 비즈니스 상황에서 자기 의견을 어필하는 것을 어려워하는 분들이 있는데요. 특히 사람들과 관계가 좋은 분들이 매우 그렇습니다. 둘러둘러 말하는 것이 습관이 돼서 결론을 먼저 말하는 비즈니스 말하기의 방식이 익숙하지 않기 때문이에요.

비즈니스상에서 효과적으로 프레젠테이션을 하고 싶다면 결론을 먼저 전달하는 방식을 연습해 보세요.

3부

누구나 목소리를 바꿀 수 있다

목소리, 아는 만큼 보인다

오디션 프로그램을 보면 아이돌 연습생들이 고음을 내기 위해 발성 연습하는 장면이 자주 나오는데요. 엠넷의 서바이벌 오디션 프로그램 〈프로듀스 101〉에서도 참가자들이 이마를 미는 방법으로 고음 연습을 하더라고요.

'이마 밀기' 발성법은 이마를 밀 때 코어의 힘을 사용해 고음을 내는 데 도움을 주는 방법입니다. 서 있는 상태에서 이마를 밀면 중심축이 흔들려서 넘어지잖아요. 이때 넘어지지 않으려고 버티는 동안 자연스럽게 코어에 힘이 들어가게 됩니다. 이마를 미는 것 자체가 재미있어서인지 방송을 보고 따라

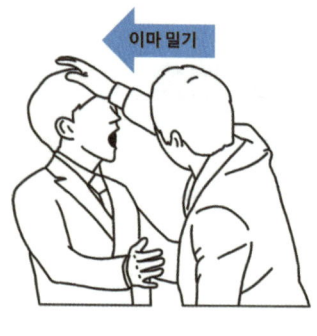 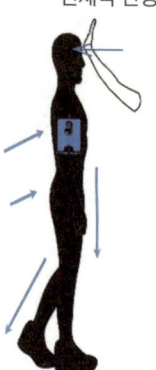

하는 사람들도 많았어요.

프로그램에서는 두 명의 출연자가 같은 방법으로 연습했는데 한 명은 고음이 잘 올라갔고 다른 한 명은 큰 효과를 보지 못했습니다. 앉아서 이마 밀기를 따라 했거든요. 무게중심이 흔들리지 않도록 코어에 힘을 줘서 소리를 내는 원리를 몰라서 틀린 방법으로 연습했던 거예요.

목소리에 관심이 많았다면 온라인에 떠도는 발성 연습법을 한 번쯤은 해보셨을 거예요. '이런 연습이 좋더라~'라고 누군가 얘기하면 열심히 따라 해보기도 했을 거고요. 유행하는 다이어트를 한 번쯤 다 시도해 보는 것처럼요.

하지만 어떤 사람은 발성 연습의 효과를 보고 어떤 사람은 연습을 해도 큰 변화가 없을 수가 있어요. 그 이유는 바로 연습하는 방법이 틀렸기 때문입니다. 원리를 잘 모른 채 틀린 방법으로 반복해서 연습하니 좋아지지 않았던 거예요.

많은 사람들이 소리가 작으면 배에 힘을 주고 소리를 내라고 하는데요. 이것도 왜 힘을 줘야 하는지 배의 어느 부분에 어떻게 힘을 줘야 하는지 모르는 상태에서 연습하면 효과가 떨어집니다. 그저 몸에 힘만 잔뜩 들어갈 뿐이죠.

발성을 키우기 위해서 큰 소리로 '아~~~' 하고 소리를 지르라고 하는 것도 이론을 모르고 하면 목에 힘이 들어가서 오히려 목이 쉬고 상할 뿐입니다.

목소리를 바꾸고 싶다면 내가 지금 몸을 어떻게 사용하는지 아는 게 중요합니다. 그리고 기본적인 이론을 알고 있어야 합니다. 이론을 알면 훈련을 할 때 내가 어떤 훈련을 하는지, 왜 하는지, 어떤 효과가 있는지 등을 제대로 이해할 수 있기 때문입니다. 또 자신에게 직접적으로 필요한 것을 알고 연습할 수도 있습니다.

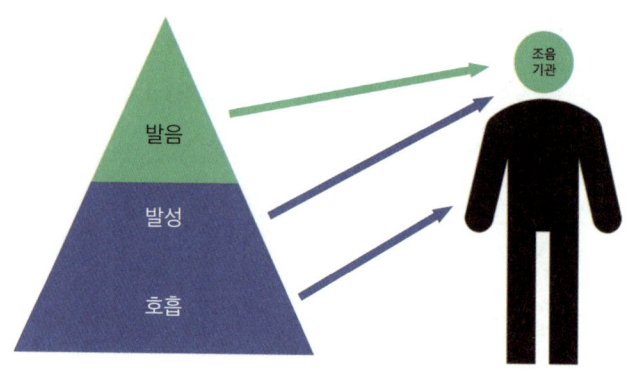

목소리는 기본적으로 발음, 발성, 호흡으로 나눌 수 있습니다. 저는 목소리에 대한 이론을 이야기할 때 이 요소들을 피라미드 모양으로 배치해서 보여줍니다.

목소리의 기초체력이 되는 호흡이 피라미드의 제일 하단에 위치하고요. 호흡을 통해 소리를 내는 것이 발성이기 때문에 그 위에 발성이 있습니다. 같은 오성을 사용하기 때문에 피라미드에서 구분 없이 같은 색으로 표현했습니다. 마지막으로 발음은 호흡, 발성과는 별개로 얼굴에 있는 수많은 근육을 이용하는데요. 이것을 조음기관(혀, 입술, 턱, 연구개, 경구개, 치아 등)이라고 합니다. 이제부터 목소리를 구성하는 요소들의 특징과 효과적인 훈련 방법에 관해서 이야기해 보겠습니다.

목소리의 체력이 되는 호흡

노래를 잘하는 가수들을 보면 호흡이 굉장히 길죠. 춤을 추면서 노래를 부르는데도 안정적이고요. 단순히 호흡이 길거나 폐활량이 좋은 것을 떠나서 호흡 하나에 감정이 실리기도 합니다. 우리는 노래하는 사람이 아니니 와닿지 않을 수도 있습니다. 하지만 사람들 앞에 나서서 발표할 때를 떠올려 보면, 긴장될수록 말이 빨라지고 호흡도 가빠지고 목소리가 떨리는 걸 느낄 수 있을 거예요. 또한 빠르게 걸으면서 쉬지 않고 말을 한다고 생각해 보세요. 상상만 해도 숨이 가쁘고 헉헉거리는 모습이 그려지죠?

운동할 때 페이스 조절을 하듯이 호흡도 자신이 조절할 수 있으면 소리를 좀 더 안정적으로 낼 수 있습니다. 호흡은 소리를 내는 기본 재료이자 발성과 연결되어 있기 때문이에요. 그래서 호흡에서는 들숨과 날숨 자체보다는 들숨으로 들이마신 공기를 얼마나 담을 수 있는지와 날숨으로 숨을 내보낼 때 어떻게 조절하는지가 중요합니다. 저는 이것을 '담기'와 '조절하기'라고 합니다.

우리 몸에 공기가 들숨으로 들어오면 마치 풍선처럼 횡격막에 담기는데요. 공기가 많이 들어오면 오른쪽 그림처럼 몸이 부풀어 오릅니다. 공기가 적게 들어왔을 때는 몸에서 티가 나지 않는 경우도 있습니다. 예를 들면 목에 힘을 줘서 소리를 내는 경우나 아주 작은 속삭이는 소리는 적은 양의 공기만 마셔도 낼 수 있으므로 가슴이나 배가 크게 들썩이지 않고도 소리를 낼 수 있어요.

흉식호흡을 하는 분들은 가슴에서만 얕게 호흡하기 때문에 공기가 상대적으로 적게 담기고 내쉬는 날숨도 훅 빠져나가게 됩니다. 그런데 숨을 깊게 들이쉬면서 공기를 가득 담으면 배까지 빵빵해지는 느낌이 들면서 좀 더 길게 호흡을 내쉴 수 있습니다. 소리에 힘을 싣는 것도 더 수월해지고요. 그래서 다들

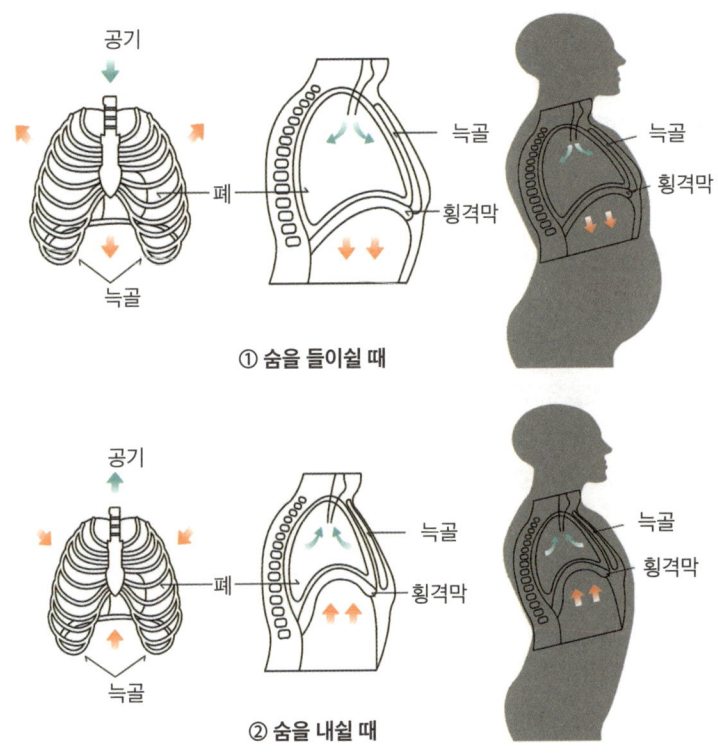

① 숨을 들이쉴 때

② 숨을 내쉴 때

복식호흡을 하라고 얘기하는 거예요.

복식호흡을 한다고 생각해도 실제로는 몸을 다르게 써서 복식호흡을 하지 않는 경우가 많이 있습니다. 그래서 우리가 자기 몸을 어떻게 사용하는지 아는 것이 중요합니다. 호흡할 때 몸의 어느 부분을 움직이고, 어느 방향으로 움직이는지 확인해 볼게요.

나의 호흡 확인하기

먼저 호흡을 할 때 신체의 어느 부분을 사용하는지 몸의 움직임을 확인해 보겠습니다. 오른손은 가슴에, 왼손은 배(상복근)에 올려놓고 코로 들숨, 입으로 날숨을 천천히 세 번 반복해 보세요.

> 코로 깊게 들숨, 입으로 날숨 '후~'
> 코로 깊게 들숨, 입으로 날숨 '후~'
> 코로 깊게 들숨, 입으로 날숨 '후~'

두 번째는 코로 숨을 들이마신 후 입으로 '아~~~~~'라고 최대한 길게 소리를 내보세요. 호흡만 할 때와 소리를 낼 때는 신체 사용이 다를 수 있습니다. 오른손은 가슴에, 왼손은 배(상복근)에 올려놓고 호흡만 할 때와 소리를 낼 때 가슴과 배의 움직임이 어떤지 신체의 변화를 유심히 관찰하며 세 번 반복해 보겠습니다.

> 코로 깊게 들숨, 내쉬면서 '아~~~~~~~~~~~~~~~~~~~'
> 코로 깊게 들숨, 내쉬면서 '아~~~~~~~~~~~~~~~~~~~'
> 코로 깊게 들숨, 내쉬면서 '아~~~~~~~~~~~~~~~~~~~'

호흡할 때 가슴과 어깨가 같이 올라갔다가 내려가는 것이 반복되는 분들은 흉식호흡을 하는 분들입니다. 대부분의 사람이 여기에 해당합니다. 복식 호흡을 하는 분들은 갈비뼈와 배가 전체적으로 빵빵해지는 느낌으로 부풀었다가 줄어듭니다. 간혹 아무 움직임도 없는 분들이 있는데요. 이런 분들은 호흡 자체를 아주 얕게 하기 때문입니다. 호흡량 자체가 적은 거죠. 호흡량이 적은 분들은 특히 '담기' 연습을 위주로 하는 것이 좋습니다.

그런데 발성이나 발음 연습에 비해서 호흡을 연습하는 분들은 많이 없어요. 호흡 연습을 해야 한다고 하면 '맨날 숨 쉬는 걸 뭘 연습해' 라거나 '숨 쉬는 걸 어떻게 연습해요'라고 하기도 합니다. 하지만 보이스 트레이닝을 하다 보면 소리의 기본 재료가 되는 호흡이 진짜 중요하다는 걸 알게 됩니다. 특히, 소리의 강약을 조절해 임팩트를 줄 때나 소리를 멈추는 포즈(pause)를 사용하는 등 목소리로 여러 가지 표현을 할 때 호흡을 조절하는 것이 필요해요.

호흡 훈련은 당장 티가 나는 것이 아니기 때문에 성과가 잘 보이지 않는데요. 어제 한 호흡에 반 페이지를 읽었다고 오늘도 똑같이 반 페이지를 읽을 수 있는 것도 아니고, 컨디션에 따라 읽는 분량이 늘어날 수도, 줄어들 수도 있습니다. 그래서 호흡 연습은 기간을 길게 잡고 될 수 있으면 훈련하는 느낌이 들지 않도록 생활 속에서 재미있고 편하게 할 방법을 선택하는 것이 좋습니다.

연습할 때는 촬영을 해서 Before 영상을 남겨 두시기를 권해드립니다. 추후 한 달 정도 호흡 연습을 충분히 한 후 After 영상을 촬영해 Before 영상과 비교하면 자신이 얼마나 달라졌는지 알 수 있습니다.

호흡량을 늘리는 담기 훈련

담기 훈련은 전체적으로 호흡량을 늘리기 위한 훈련입니다. 말하면서 빠르게 숨을 담아야 할 때가 있고 호흡을 길게 할 때가 있으므로, 들숨의 속도를 다르게 해서 호흡을 담는 연습을 하겠습니다. 일상생활 속에서도 간단하게 할 수 있으니 일상생활에서 자주 훈련해 보세요.

1. 빠르게 들숨 - 빠르게 날숨

❶ 코로 한 번에 빠르게 들숨
❷ 입으로 한 번에 '후-' 하고 빠르게 날숨 (10번 반복)

2. 천천히 들숨 - 빠르게 날숨

❶ 10초 이상 코로 깊게 들숨

❷ 입으로 한 번에 '후-' 하고 빠르게 날숨 (10번 반복)

3. 도구를 활용한 담기 훈련

자신이 담은 공기의 양을 눈으로 확인하고 싶다면 **풍선**을 활용하면 좋습니다. 풍선을 입에 물고 위의 연습 방법으로 연습해 보세요.

공기를 일정하게 조절하는 훈련

호흡을 조절하기 위해 들숨 후에 숨을 멈췄다가 내쉬는 것을 반복해 보겠습니다. 숨을 잠깐 멈추었다가 뱉을 때 공기가 한 번에 훅 빠지지 않도록 주의하면서 내보내는 호흡량을 일정하게 유지해 보세요. 조절하기 훈련은 호흡을 멈추고 있는 시간이 중요하기 때문에 멈추는 시간을 다르게 하면서 연습해 보겠습니다.

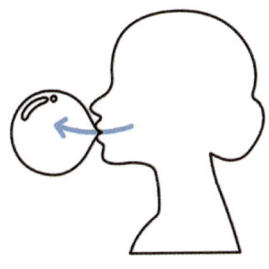

1. 빠르게 들숨 - 멈춤 - 빠르게 날숨

한 번에 빠르게 숨을 들이마시고 멈췄다가 한 번에 뱉는 훈련입니다. 처음에는 멈추는 시간을 5초로 연습하다가 10초, 15초로 점점 늘려서 연습해 보세요.

❶ 코로 한 번에 빠르게 들숨

❷ 5초 멈춤 (10초 / 15초)

❸ 입으로 한 번에 '후-' 하고 빠르게 날숨 (10번 반복)

2. 천천히 들숨 - 멈춤 - 천천히 날숨

이번에는 들숨, 날숨의 속도도 다르게 연습해 보겠습니다. 들숨을 천천히 10초 동안 들이마신 후에 멈췄다가 다시 천천히 내보내세요. 숨을 내보낼 때는 호흡량이 일정하도록 신경써 보세요.

❶ 10초 동안 코로 깊게

❷ 5초 멈춤 (10초 / 15초)

❸ 10초 동안 입으로 천천히 (10번 반복)

3. 도구를 활용한 호흡 조절 훈련

호흡을 하며 소리를 낼 때 호흡량이 균일한지 확인하고 싶다면 **티슈**나 **습자지** 같은 얇은 종이를 활용해 보세요. 티슈를 입에 가까이 대고 코로 들숨을 마신 후에 '후~~' 하고 숨을 내쉬면 됩니다. '후~~' 하고 공기를 뺄 때 티슈가 들리는 정도가 일정하도록 호흡량을 균일하게 하는 데 초점을 맞춰 보세요. 간격은 코끝에 닿는 정도로 가까이 들면 되는데요. 이때 입으로 숨을 들이마시면 티슈가 입에 들러붙기 때문에 입으로 숨 쉬는 습관을 고치는 데에도 도움이 됩니다.

담기와 조절하기 종합 연습

 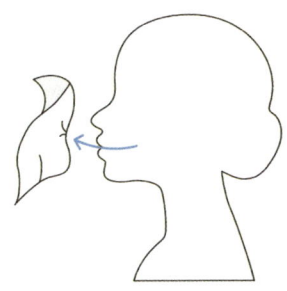

마지막으로 담기와 조절하기를 함께 연습하는 방법입니다. 이번에는 호흡하면서 소리를 실어 보겠습니다. 호흡만 연습할 때는 잘 됐더라도 소리를 내면서는 조절이 어려울 수도 있으니, 소리 낼 때 소리의 크기와 호흡량을 균일하게 낼 수 있도록 신경 쓰며 연습해 보세요.

1. 빠르게 들숨 - 멈춤 - 10초 이상 소리내기

한 번에 빠르게 숨을 들이마시고 5초 멈추었다가 10초 이상 '아~' 소리를 내면서 숨을 뱉는 겁니다. 10번을 반복해서 연습했다면 멈추는 시간을 10초, 15초로 늘려가면서 연습해 보세요. 호흡 연습이기 때문에 소리의 크기가 클 필요는 없습니다.

❶ 코로 한 번에 빠르게 들숨
❷ 5초 멈춤 (10초 / 15초)
❸ 10초 동안 천천히 '아~' 소리내기

2. 천천히 들숨 - 멈춤 - 10초 이상 소리내기

숨을 천천히 10초 동안 들이마시고 멈췄다가 천천히 10초 이상 '아~' 소리를 내면서 연습해 보겠습니다. 마찬가지로 멈추는 시간을 다르게 반복해 보세요.

❶ 10초 동안 코로 깊게

❷ 5초 멈춤 (10초 / 15초)

❸ 10초 동안 천천히 '아~' 소리내기

3. 한 호흡에 여러 번 멈췄다가 소리내기

호흡을 멈췄다가 소리를 내는 것을 반복하며 호흡이 확 빠지지 않게 조절하는 연습을 해볼 텐데요. 들숨 후에 '아~~' 하고 2~3초 정도 소리를 내다가 잠시 멈추고, 다시 소리 내다가 멈추는 것을 반복해 보겠습니다. 멈추고 있을 때는 숨을 새로 들이쉬는 것이 아니라 잠시 멈추고만 있는 것입니다. 호흡량이 되는 만큼 최대한 길게 해보세요. 숨을 새로 들이마시지 않은 채 더 많은 횟수를 할 수 있으면 할 수 있는 만큼 시도해 보세요.

❶ 코로 크게 한 번에 들숨

❷ 3초 멈춤

❸ 3초간 '아~~'하고 소리내기

❹ 3초 멈춤

❺ 3초간 '아~~'하고 소리내기 (한 호흡에 할 수 있는 만큼 반복하기)

4. 입 모양의 변화에 따라 호흡량을 조절하는 연습

이제 발음을 하면서 소리를 내볼 텐데요. 모음이나 자음의 변화가 있을 때는 공기가 갑자기 확 내뱉어질 수 있기 때문에 입모양의 변화에 따라 공기의 양이 다르게 빠지지 않도록 주의하면서 한 박자씩 끊어서, 한 음절마다 쉬어가며 읽어 보세요.

[마, 바, 아, 파, 하]는 혀가 아래쪽으로 내려가고 입이 크게 벌어지는 발음이고, [맘, 밤, 암, 팜, 함]은 입이 크게 벌어졌다가 다시 다물어지는 발음입니다.

❶ 들숨 - [마] - 들숨 - [바] - 들숨 - [아] - 들숨 - [파] - 들숨 - [하]

❷ 들숨 - [맘] - 들숨 - [밤] - 들숨 - [암] - 들숨 - [팜] - 들숨 - [함]

5. 한 호흡에 여러 음절을 발음하며 호흡을 조절하는 연습

한 호흡에 자신이 소리 낼 수 있는 음절까지 읽으면 되는데요. 이 연습을 할 때는 소리가 작아지더라도 괜찮으니 자신이 처음 들이마신 숨을 최대한 끝까지 다 사용하면 됩니다.

[마] - [바] - [아] - [파] - [하] - [맘] - [밤] - [암] - [팜] - [함] -

[마] - [바] - [아] - [파] - [하] - [맘] - [밤] - [암] - [팜] - [함] -

[마] - [바] - [아] - [파] - [하] - [맘] - [밤] - [암] - [팜] - [함] -

[마] - [바] - [아] - [파] - [하] - [맘] - [밤] - [암] - [팜] - [함] -

[마] - [바] - [아] - [파] - [하] - [맘] - [밤] - [암] - [팜] - [함] -

처음에는 첫 줄을 읽는 것도 겨우 하겠지만, 연습을 반복할수록 점점 더 많이 소리 낼 수 있게 될 거예요. 만약 지금보다 호흡량을 더 늘리고 싶다면 유산소 운동을 같이 해보세요. 걷기나 달리기, 점핑 등의 운동을 하면 운동 에너지가 소모돼 심장이 빠르게 뛰고 호흡이 더 가빠집니다. 이때 공기를 담는 것을 연습하면 호흡량을 늘리고 조절하는 데 도움이 됩니다. 운동 중에는 굳이 도구를 사용하지 않아도 방해 요소가 많으니 도구 없이 가뿐하게 해보세요.

중요한 건 코로 숨을 들이쉬는 겁니다. 호흡이 가쁘다고 입으로 들이쉬고 내쉬는 걸 반복하면 공기가 들어갈 때마다 수분이 말라서 목과 입이 쉽게 건조해져서 목 건강에 좋지 않으니까요.

다만 처음부터 유산소 운동을 하면서 훈련하기보다는 기초 훈련을 충분히 하신 후에 담기와 조절하기가 익숙해지면 그때 병행하길 권합니다. 연습한 만큼 실력이 늘어나니 지금 당장은 큰 차이가 보이지 않더라도 계속 연습해 보세요.

목에 힘을 빼면 소리가 달라진다

발성이 중요한 이유는 어떤 기관을 주로 사용하느냐에 따라 소리가 달라지기 때문입니다. 더 많이 사용하는 기관에 따라 목에 무리가 더 가기도 하고, 덜 가기도 하고요.

그래서 발성 연습을 많이 하는데요. 발성이 달라지면 소리의 크기도 차이가 나고 목소리의 전체적인 이미지도 달라집니다. 아이처럼 말하는 게 고민이라고 했던 여성분은 발성 연습만으로도 훨씬 더 성숙한 느낌의 소리로 바꾸기도 했고요. 발성에 문제가 있어서 음성이 많이 떨리던 분은 떨림 없이 깨끗한 소리를 낼 수 있게 됐습니다.

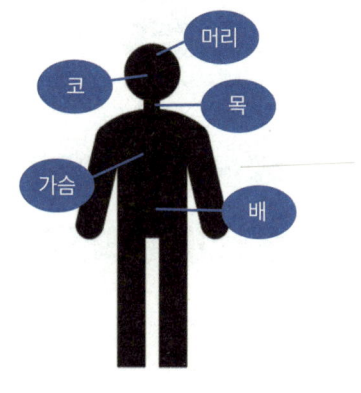

5개의 발성점

우리가 발성에 사용하는 기관은 머리, 코, 목, 가슴, 배 5가지입니다. 이것을 오성이라고 하는데요. 오성이란 말은 익숙하지 않겠지만 두성음, 비성음은 들어보셨을 거예요.

두성음은 뮤지컬 배우들이 주로 사용하는 발성입니다. 굉장히 굵고 단단하게 느껴지는 소리로 평소 말할 때보다 더 크고 과장된 소리가 납니다. 먼 거리까지 쫙 뻗어서 보낼 수 있는 잘 들리는 소리이기 때문에 연극이나 뮤지컬, 연설을 할 때 사용하면 좋게 느껴질 수 있습니다. 하지만 일상에서는 인위적으로 느껴질 수도 있죠.

비성음은 콧소리라고 해서 안 좋은 소리라는 오해를 하는 분들이 많은데 발음할 때 꼭 필요한 소리입니다. 울림소리인 공명이 좋으려면 비성음을 사용해야 하므로 목소리가 좋은 분들은 오히려 비성음을 더 많이 사용합니다. 우리도 자연스럽게 사용하고 있는 소리인데요. 감기에 걸려서 코가 꽉 막히면 코맹맹이 소리가 나면서 목소리가 답답한 느낌이 들잖아요. 이것도 코의 울림이 없어져서 소리가 달라지는 거예요.

다음은 목입니다. 입이라고 생각하는 분들도 있지만 공기가 나갈 때 성대가 떨리면서 소리가 나기 때문에 목으로 통칭합니다. 목은 소리가 나올 때 꼭 거쳐야 하는 기관이고, 최소의 에너지로도 소리를 낼 수 있습니다. 발성에 문제가 있는 분들은 대체로 목에 힘을 과하게 주는 경우가 많습니다. 그래서 쉽게 목이 상하는 거죠.

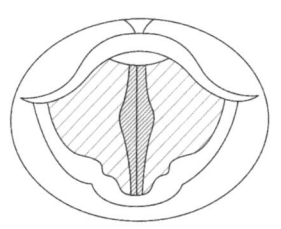 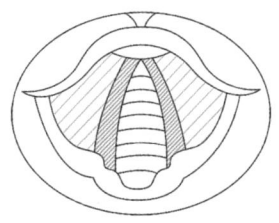

성대의 단면

성대는 얇은 막 2개로 이루어져 있고 주변이 모두 근육입니다. 두 개의 얇은 막이 파르르 떨리면서 소리를 내보내는데, 나가는 공기의 양이 많으면 막이 크게 벌어지고 공기의 양이 적으면 작게 벌어집니다. 목은 주 발성점으로 사용하지 말고 소리가 지나가는 길 중 하나로 사용하는 것이 좋습니다.

다음 발성점은 가슴인데요. 꽤 많은 분들이 흉식호흡을 통해 소리냅니다. 흉식호흡으로 소리를 내면 큰 소리를 내거나 긴장했을 때 영향을 많이 받습니다. 그래서 발표할 때 떨릴수록 목소리가 염소처럼 나오는 거예요.

오성의 마지막은 다섯 가지 발성점 중 성대와 가장 먼 곳인 배입니다. 복식호흡은 목소리와 관련한 얘기를 할 때 가장 많이 나오는데요. 배에서부터 힘 있게 소리가 올라오면 목에서 먼 곳부터 소리가 올라오기 때문에 목도 덜 아프고 소리도 더 안정적으로 들리기 때문입니다.

오성은 발성점이 되기도 하고, 공간을 울리는 지점이기도 해서 기관마다 각각 따로 울리기도 하고 함께 울리기도 합니다. 듣기 좋고 멋있는 소리를 내는 사람들을 보면 목소리가 울리잖아요. 목욕탕 소리라고 하기도 하죠. 그걸 다른 말로 공명이라고 합니다.

좋은 목소리의 비밀, C-Spot

목소리가 작아서 고민하는 분들은 배에 힘주고 소리 내라는 말을 많이 들어봤을 거예요. 배에 힘을 줬는데도 소리가 잘 나오지 않는다면 배에 힘을 주는 위치를 잘못 잡았기 때문입니다.

대부분의 사람은 배에 힘을 주라고 하면 배꼽 주변인 센터에 힘이 들어갑니다. 보통 배의 센터인 배꼽 주변 힘이 세기 때문인데요. 그럴 때 생각처럼 소리가 확 커지지 않습니다. 왜냐하면 직접적인 자극점이 아니거든요.

목소리가 작아서 소리를 크게 키우고 싶어 하는 분들을 종종 만나게 됩니다. 최근에는 고객 응대를 주 업무로 하는 20대 초반의 직장인이 대표님의 손에 이끌려 오셨어요. 목소리가 너무 작아서 고객이 잘 알아듣지 못한다는 거예요. 대표님은 우리 직원의 목소리 좀 키워달라면서, 앞으로 제품 설명도 더 잘했으면 좋겠다고 강력하게 얘기했습니다. 그런데 정작 실제로 수업할 직원은 아무 말 없이 조용히 앉아 있었어요.

스스로 변하고 싶다는 마음이 있어야 효과적이기 때문에 목소리를 진짜 바꾸고 싶은지 대표님 없이 직원분과 직접 이야기를 나눴습니다. 1 대 1로 상담을 해보니 그동안 자신의 목소리나 말투가 문제라고 생각하지 않았는데 회사에서 자꾸 문제라고 하니 너무 힘들다며 많이 우셨어요.

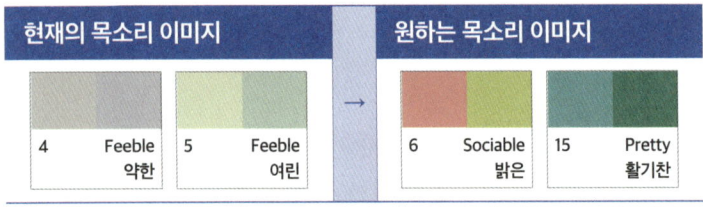

이분은 연약하고 순한 느낌의 보이스 컬러로 힘이 없는 가늘고 작은 목소리였는데요. 목소리가 작고 약하면 업무를 할

때 커뮤니케이션이 어려울 수 있습니다. 업무 요청을 하든, 인사를 하든 상대방이 들을 수 있어야 하니까요.

사무실이 조용하다면 괜찮았겠지만, 이분의 회사는 기계를 제조·유통하는 기업으로 사무실에도 소음이 많았어요. 주변이 시끄러우니 이분의 목소리가 주변 소음에 더 묻혔던 거예요. 주변에서는 목소리가 안 들리니까 '왜 이렇게 사람이 자신감이 없어'라거나 '목소리 좀 크게 해봐' 등의 말을 계속했습니다. 자신감이 없는 게 아닌데 자꾸 그 말을 들으니, 상처가 됐고 그러면서 점점 더 목소리가 작아졌다고요.

힘이 없고 소리가 작은 분들은 대부분 목으로만 소리 내는 경우가 많은데요. 이런 분들은 조금만 크게 소리를 내면 금방 목이 상하기 때문에 복식호흡을 통한 발성 연습을 하는 것이 좋습니다. 성대에서 가장 먼 발성점인 배에 힘을 줘서 소리를 내면 소리가 더 단단해지고 자연스럽게 커지기 때문입니다.

배에 힘이 들어가야 하는 부분은 다음 페이지의 그림에 표시된 상복근(명치)입니다. 명치를 자극하는 발성법은 UCLA의 모튼 쿠퍼 박사님이 연구한 방법입니다. 음성학 박사인 모튼 쿠퍼 박사님은 목을 수술하거나 문제가 크게 생겨서 말을 거의

할 수 없는 사람들을 연구해서 자기만의 발성법을 만들었습니다. 그리고 자신의 이름을 따서 C-Spot이라고 불렀습니다.

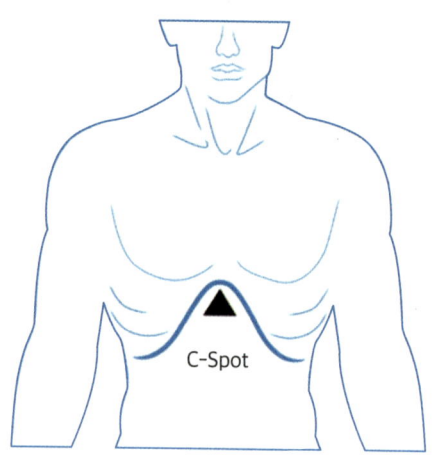

간혹 복근 전체에 힘이 좋은 분들은 센터에 힘을 줘도 상복근에 같이 힘이 들어가기도 해서 '배에 힘주면 소리가 잘 나오는구나'하고 넘어갈 수도 있습니다. 하지만 그림과 같은 지점에 힘이 들어가야 소리가 안정적이고 단단하게 나옵니다.

가수들이 노래할 때 하이라이트 부분에서 상체를 숙이면서 고음을 내는 모습을 본 적이 있을 거예요. 특히 록 가수들이 고음을 쫙 올릴 때 허리를 숙이는 퍼포먼스를 많이 하는데요.

이렇게 상체를 숙여서 소리를 내면 C-Spot이 자연스럽게 눌리기 때문에 고음을 내기가 더 편해집니다. 탄탄하게 소리가 올라가는 거죠. 단순히 멋있게 보이기 위해서만 하는 퍼포먼스는 아닌 거예요.

우리도 소리를 낼 때 C-Spot을 인위적으로 눌러서 자극하면 목소리 떨림이 없이 깨끗하게 낼 수 있습니다. 하지만 말하면서 인위적으로 C-Spot을 계속 누를 수는 없잖아요. 보기에도 우습고요.

그래서 외부에서 누르지 않고도 스스로 C-Spot에 힘을 줄 수 있도록 코어의 힘을 길러야 합니다. 코어는 복근뿐 아니라 허벅지 근육과 허리를 세우는 기립근, 엉덩이 근육, 항문을 조이는 근육까지 모두 해당합니다.

배에 힘을 줄 때는 상복근인 명치를 마치 등에 붙이는 느낌으로 힘을 주는 것이 좋은데요. 그냥 소리를 낼 때와 배에 힘을 주면서 소리를 낼 때 얼마나 차이가 있는지 녹음해서 들어보면 좋습니다. 녹음된 소리에는 큰 차이가 없다면 목에 힘을 과도하게 줬기 때문입니다. 목에 힘이 들어가서 상복근이 자극되는 느낌을 잘 모르겠다면 누운 상태에서 소리 내 보세요.

누워있을 때는 상대적으로 목과 어깨에 힘이 덜 들어가기 때문에 배에 더 집중할 수 있습니다.

노래를 잘하는 하현우 님이나 이은미 님 같은 가수들이 코어를 사용해 노래하는 고음 비법을 방송 프로그램에서 공개하기도 합니다. 진짜 노래를 잘하는 사람은 코어를 잘 쓰고 있다는 거죠. 우리도 안정적으로 소리를 낼 수 있도록 코어의 힘을 기르는 방법을 연습해 보겠습니다.

단단한 목소리를 내는 코어 힘 기르는 법 : 서서 하는 연습

❶ 다리를 어깨너비로 벌리고 똑바로 선다.
❷ 한 쪽 무릎을 [ㄱ] 형태로 접어 최대한 위로 올린다. 올리면서 코로 숨을 들이쉰다.
❸ 다리를 올린 상태에서 입으로 숨을 '후~'하고 최대한 길게 뱉는다.

❹ 호흡이 끝나면 다시 들숨과 날숨을 반복하면서 자신이 유지할 수 있을 때까지 최대한 오래 균형을 잡는다. (호흡이 끝나도 다리를 내리지 않고 다시 호흡을 반복하면서 유지한다.)

❺ 팔을 벌려 중심을 잡지 말고 코어의 힘으로만 균형을 잡도록 신경 쓴다.

❻ 반대쪽 다리도 같은 방법으로 진행한다.

※ 팔을 벌려 중심을 잡지 말고 코어의 힘으로만 균형을 잡아 보세요.

단단한 목소리를 내는 코어 힘 기르는 법 : 앉아서 하는 연습

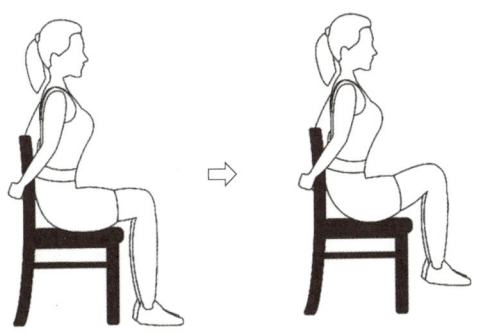

❶ 등받이가 있고 딱딱한 의자에 앉는다.

❷ 엉덩이와 등을 의자에 딱 붙이고 등받이 뒤쪽으로 팔을 돌려 양손을 잡는다.

❸ 다리는 발과 무릎을 붙여서 모은 상태로 [ㄱ] 자 형태를 유지하면서 코로 숨을 들이쉰다.

❹ 다리를 올릴 때는 무릎이 펴지지 않도록 [ㄱ] 자 모양의 유지에 신경 쓰고 몸의 반동으로 올라오지 않도록 주의한다.

❺ 두 다리의 형태를 유지하면서 최대한 위로 들어 올린 후 공기를 '후~' 하고 뱉는다.

❻ 다리를 내릴 때는 발바닥이 바닥에 닿지 않도록 발을 허공에서 유지한다.

❼ 다리를 내렸을 때 들숨, 올렸을 때 날숨을 여러 차례 반복한다.

단단한 목소리를 내는 코어 힘 기르는 법 : 누워서 하는 연습

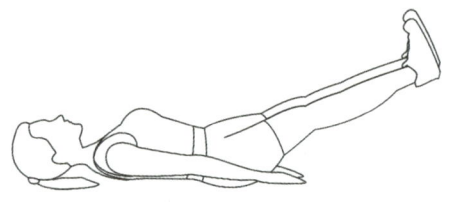

❶ 편안하게 일자로 누운 상태에서 다리를 붙이고 코로 숨을 들이쉰다.

❷ 발과 무릎이 떨어지지 않게 유지하면서 45도 각도로 다리를 올린다.

❸ 다리를 올린 상태에서 공기를 '후~'하고 뱉는다.

❹ 다리를 내릴 때는 되도록 다리가 바닥에 닿지 않도록 허공에서 살짝 띄운 상태를 유지한다.

❺ 다리를 내리고 들숨, 올리고 날숨을 여러 차례 반복한다.

목소리가 작아서 온 직장인분도 이렇게 발성 연습을 하면서 목소리가 점점 커졌어요. 그리고 일상에서 바로 적용할 수 있는 다음 연습들을 함께 하면서 직장에서 "정말 목소리가 커졌어요. 노력을 많이 했나 봐요"라는 얘기를 들었고 자신감도 다시 찾을 수 있게 됐습니다.

인사나 대답할 때는 의식적으로 크게 소리내기

원래 힘이 없고 소리가 작아서 고민인 분들이라면 자신이 아무리 있는 힘껏 크게 소리를 내도 다른 사람들에게는 그렇게 크게 들리지 않습니다.

모든 말을 다 크게 하기는 힘든 일이기 때문에 '안녕하세요'나 '고맙습니다', '고생하셨습니다'와 같은 인사를 할 때나 대답을 할 때만이라도 좀 더 의식하면서 소리를 지른다는 생각으로 목소리를 크게 내보세요.

명치(상복근_C-Spot)를 누른 상태에서 소리내기

명치를 누르고 소리를 내면 소리가 조금 더 커지고 힘이 생깁니다. 누르고 있는 상태에서 소리가 나와야 한다는 것만 기억하세요. 세게 누를수록 소리도 더 커집니다.

자신감 있게 느껴지도록 끝 음을 강하게 표현하기

음절마다 크기를 바꿔서 마지막 음을 강하게 표현하는 연습입니다. 개그맨 박명수 님이 호통을 칠 때처럼 '야. 야. 야!' 소리를 내 보겠습니다.

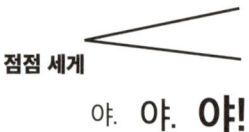

점점 세게

야. 야. **야!**

첫 번째 '야'는 시동을 거는 것처럼 평소 말하는 것과 비슷한 크기로, 두 번째 '야'는 첫 번째보다 좀 더 강하게 소리를 냅니다. 마지막 '야'를 낼 때는 온 힘을 다해서 자신이 낼 수 있는 가장 큰 소리로 외치면 됩니다.

전체적으로 목소리의 볼륨을 키우는 연습

❶ 친구의 이름을 부르는데 바로 옆에 있다고 생각하고 '친구야~'라고 소리 내 보세요.

❷ 이어서 친구가 옆방에 있다고 생각하고 '친구야~'라고 불러보세요.

❸ 마지막으로 3층 창문에서 밖에 있는 친구를 부른다고 생각하고 크게 '친구야~'라고 외쳐보세요.

친구야~　　**친구야~**　　**친구야~**

(바로 옆에 있을 때) (옆방에 있을 때) (3층에서 밖에 있는 친구를 부를 때)

탁 트인 발성을 만드는
매일 훈련법

방송이나 유튜브에서 입을 크게 벌리고 발성하라는 이야기가 종종 나와서인지 좋은 소리를 내려면 입을 크게 벌려야 된다고 생각하는 분들이 많습니다. 그래서 목소리가 작아서 고민하는 분들과 상담을 하면 '계속 입을 크게 벌려야 하는데 그게 어려워요'라고 얘기해요.

저는 이런 말을 들으면 아나운서들이 말할 때 성악가들처럼 입을 크게 벌리냐고 물어보는데요. 이렇게 질문하면 잠시 정적이 흐르다가 '어? 그렇게 크게 벌리지 않는 것 같은데요? 근데 왜 입을 크게 벌리라고 하죠?' 같은 반응이 나옵니다.

아나운서들은 입을 크게 벌리지 않아도 소리가 잘 들리는데요. 소리의 길이 잘 열려 있기 때문입니다. 많은 분들이 좋은 발성을 위해 입을 크게 벌리는 게 좋다고 알고 있지만 무조건 입만 크게 벌린다고 해서 소리가 잘나가는 것은 아니라는 거죠.

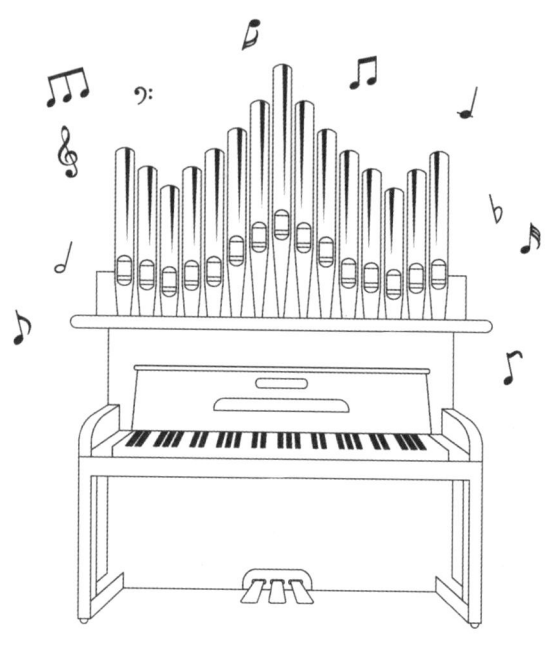

우리 몸을 악기라고 생각해 볼게요. 굵은 파이프와 얇은 파이프가 있다면 둘 중에 소리가 더 안정적으로 나는 파이프는

굵은 파이프입니다. 또 구부러진 파이프와 일자로 쫙 펴진 파이프가 있다면 쫙 펴진 파이프가 소리가 더 잘 나오죠. 긴 파이프와 짧은 파이프 중에는 긴 파이프의 울림소리가 더 좋고요.

이걸 우리 몸으로 표현하면 긴 파이프는 복식호흡으로 만들 수 있고요. 쫙 펴진 파이프는 상체를 펴고 코어에 힘을 줘서 만들 수 있습니다. 그래서 정말 소리를 멋있게 잘 내는 성악가들은 상체를 쭉 편 상태에서 힘을 빼고 코어에 힘을 주며 소리 냅니다.

그런데 만약 길고 쫙 펴진 파이프인데 입구가 막혀 있거나 반만 열려 있다면 어떨까요? 당연히 완전히 뚫려 있는 것보다 소리가 잘 나지 않겠죠.

파이프의 입구가 바로 입(구강)에 해당합니다. 발성 연습을 할 때 입을 크게 벌리라는 얘기가 그래서 나오는 거예요. 공기가 10만큼의 소리를 담아서 올라오다가 입이 막혀 있으면 소리가 밖으로 나가기 어려워서 5밖에 안 나가는 거예요.

소리가 잘나가지 않는 이유를 입에서 찾아보면 다음과 같습니다.

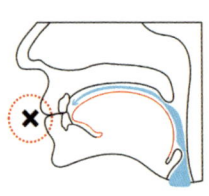	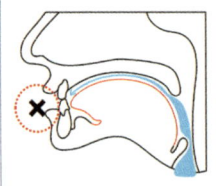	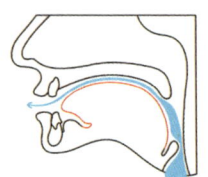
① 입술과 치아가 닫힌 경우	② 입술은 열었지만 치아가 닫힌 경우	③ 입술과 치아는 열었지만 혀가 올라가서 공간이 좁은 경우

입을 크게 벌리지 않아서 소리가 나가는 구멍이 좁은 ①번의 경우 소리가 입안에 갇혀서 울리는 소리는 나지만 답답하게 들릴 수 있습니다. 웅얼거리는 느낌이 드는 거죠. 또 ②와 같이 입술이 열려 있어도 치아가 닫혀 있으면 중문이 닫힌 것처럼 답답한 소리가 납니다. 마치 화가 났을 때 어금니를 꽉 깨물고 얘기하는 것 같은 느낌이 들 수 있어요. ③번처럼 입술과 치아가 열려 있어도 혀가 입안에서 공간을 많이 차지하면 답답한 소리가 날 수 있는데요. 혀뿌리 쪽에 힘이 없을수록 혀가 천장으로 올라가기 때문에 소리가 나가는 길을 방해합니다. 혀가 길을 막고 있으니, 소리가 입 밖으로 나가기 어렵고 비성음이 강하게 나올 수 있습니다.

사람마다 개인차가 있지만 입 모양 때문에 소리가 잘나가지 않는 경우 대부분 ①, ②, ③번과 같은 원인을 가지고 있고요. 하나가 아니라 복합적으로 가지고 있는 경우가 더 많습니다. 상담을 오는 분 중에는 입의 움직임이 거의 없는 분들도 있는데요. 이런 분들이 여기에 해당하며, 대부분 발음이 뭉개지고 소리도 잘 들리지 않습니다.

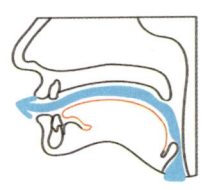
④ 입술과 치아를 열고 혀가 내려가 공간이 열린 경우
⇒ 소릿길이 열려 가장 소리가 잘 나는 상태

④번처럼 입술과 치아를 열고 혀가 내려가서 공간이 열린 것이 소릿길이 열린 좋은 사례입니다. 입안의 공간을 열어준다고 표현하는 분들도 계시는데 그것도 다 맞는 표현입니다.

파이프의 입구를 열어서 작고 답답한 소리를 잘 들리게 바꾸는 것을 두고 저는 '소리의 길을 열어준다', '소릿길을 만든다'고 표현하는데요. 자신의 목소리가 답답하다거나 비성음이 많이 들리는 것이 좋지 않아서 바꾸고 싶다면 소리의 길을 열어주는 연습을 해 보세요.

　소릿길을 열어주기 위해서 혀뿌리의 힘을 키워야 해요. 혀뿌리에 힘이 생기면 혀가 내려가 소릿길이 더 잘 열리기 때문입니다. 혀뿌리는 직접 눈으로 보거나 입안으로 손을 넣어서 확인하기 어려운데요. 혀뿌리의 위치는 양치질할 때 혀를 닦다가 헛구역질이 나올 만큼 칫솔을 깊이 넣었을 때 닿는 부분입니다. 겉으로 봤을 때는 턱에서 목으로 넘어가는 라인의 꺾어지는 부분이 바로 혀뿌리가 위치한 곳입니다.

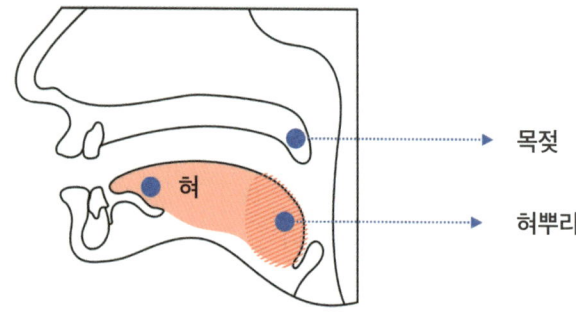

　혀뿌리의 힘을 기르는 방법은 공을 입 안에 넣어서 입 공간의 크기를 넓혀주는 방법과 혀 차기, 젓가락 누르기 등이 있는데요. 이 방법은 발음을 잘하는 것과 연결되기 때문에 '4부 발

음도 연습이 필요하다'에서 자세히 이야기하도록 하겠습니다.

혀뿌리의 힘 셀프 체크

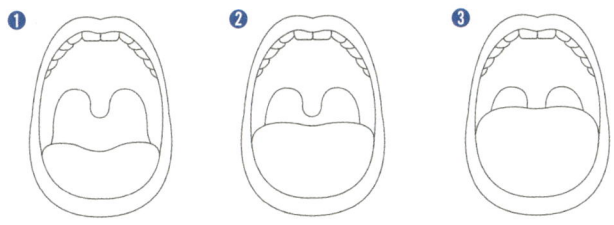

❶ 혀뿌리에 힘이 있어 혀가 아래로 내려간 상태로 목젖이 잘 보이고 입안 공간이 넓다.

❷ 혀뿌리에 힘이 많지 않아 혀가 올라온 상태로 목젖은 보이지만 입안 공간이 넓지 않다.

❸ 혀뿌리에 힘이 없어서 목젖을 가릴 정도로 혀가 위로 올라와 있으며 입안 공간이 좁다.

울림이 있는 소리, 공명

사람들이 좋은 목소리라고 얘기하는 분들을 보면 대부분 울림소리를 가지고 있습니다. 이걸 공명이라고 하는데요. 공명은 '함께 울린다', 그리고 '빈 공간을 울린다'라는 두 가지 뜻이 있습니다. 빈 공간에 소리 파장이 퍼지면서 어떤 파장들은 길게 부딪히고 어떤 파장들은 짧게 부딪힙니다. 그러면서 여러 음이 나고 이 음들이 조화, 즉 하모니를 이룹니다. 그것이 울림소리가 되는 거죠.

　멋진 목소리를 가진 사람들의 소리는 울림이 있잖아요. 바로 그 울림소리를 만들어 내는 빈 공간이 바로 코 안쪽에 있는 공간과 뒷골 쪽에 있는 공간이에요. 이걸 앞공명, 뒷공명이라고도 합니다.

공명 소리는 주음과 배음으로 나눌 수 있는데요. 주음은 여러 소리 중에서도 유독 잘 들리는 음이고, 배음은 주음 주변의 조화를 이루는 음으로 주변음이라고도 합니다. 앞에서 얘기했던 메인 보컬의 소리가 주음이고, 코러스의 화음이 배음인 거죠.

주음이 세고 배음이 적은 소리는 명확하게 들린다는 장점이 있습니다. 그래서 발음도 훨씬 잘 들려요. 하지만 오랫동안 듣고 있으면 쉽게 피곤함을 느끼죠.

배음이 풍부한 소리는 주음과 하모니가 되기 때문에 발음은 잘 안 들릴 수 있지만 오래 들어도 듣기 편하고 선호하는 사람도 더 많습니다. 고기를 잡을 때 낚싯대를 던지면 한 번에 한 마리만 잡을 수 있지만 그물을 넓게 던지면 한 번에 여러 마리를 낚을 수 있는 것처럼 여러 음을 내기 때문에 좋다고 느끼는 사람이 더 많은 거죠.

그런데 공명음이 많아서 소리가 잘 울리는 것을 무조건 좋은 소리라고 하기는 어렵습니다. 왜냐하면 공명은 듣기 편하고 좋은 음이지만 전달력이 다소 떨어지는 단점이 있거든요. 합창단이 노래를 부를 때 웅장하고 듣기에는 좋지만 한 사람 한 사람의 목소리는 구분하기 어려운 것처럼요.

가수가 노래할 때도 코러스가 들어가면 더 풍성해져서 듣기 좋아지는데 코러스가 화음을 너무 크게 넣으면 가수의 목소리가 묻히잖아요. 화음은 충분히 들어가면서 메인 보컬의 소리는 잘 들려야 좋은 음악이 되는 것처럼 공명도 그렇습니다.

목소리를 바꾸고 싶다며 상담을 예약한 남학생이 있었어요. 직접 만나서 인사를 나눴는데 키도 크고 얼굴도 잘생기고 목소리도 너무 좋은 거예요. 중저음에 누구나 좋아할 만한 매력적인 목소리였어요. '목소리가 진짜 좋아서 인기 많을 것 같아요'라고 했더니 자신은 목소리가 좋다는 생각을 한 번도 한 적이 없다는 거예요. 말을 하면 사람들이 무슨 말인지 못 알아들어서 스스로는 발음과 발성에 문제가 있다고 생각했다고 합니다.

이 남학생의 목소리가 공명음이 많고 소리가 많이 울려서 전달력이 떨어지는 케이스였는데요. 배음은 많은데 주음이 잘 들리지 않아서 단단한 느낌 없이 소리가 퍼지기 때문에 발음도 소리도 잘 들리지 않았던 거죠. 그래서 저는 목소리가 좋은 것과 발음이 좋은 건 다르다고 얘기하면서 발음과 발성 연습을 같이 하기를 권했어요. 똑같은 발음을 한다고 가정했을 때 공명이 있으면 잘 안 들리기 때문에 발음 연습이 필요하고 전달력이 높아지도록 발성을 통해 메인이 되는 소리를 만들어야 하니까요.

이 학생은 현재 목소리 좋다는 얘기를 정말 많이 듣고 덕분에 좋은 일도 많아졌다면서 인생이 바뀌었다고 얘기했습니다. 목소리가 좋으니 오디오 콘텐츠를 만들어 보거나 성우에 도전하는 새로운 꿈을 꾸게 됐다고요.

울림소리를 만드는 공명 훈련

울림소리를 만드는 가장 쉽고 좋은 훈련은 허밍(콧노래)인데요. 콧노래를 습관적으로 자주 하는 분들을 보면 목소리가 좋은 분들이 많습니다. 콧노래는 소리를 내기 위한 일종의 준비 운동이기 때문에 목 건강에도 좋은 훈련입니다.

콧노래를 할 때는 코로 숨을 들이마신(들숨) 후에 입을 닫고 하는 것이 좋은데요. 그 이유는 입을 열고 소리 내면 자기도 모르게 자연스럽게 입으로 들숨을 쉬게 되어 목이 더 건조해지기 때문입니다.

또 입을 닫는 것보다 비성음을 덜 쓰게 되기도 하고요.

콧노래는 소리를 크게 내도 좋고 작게 내도 좋습니다. 속도도 상관 없어요. 빠르게 해도 좋고 천천히 해도 좋습니다. 처음에는 멜로디에 기교가 적은 동요로 시작해 보세요.

훈련을 할 때 중간중간 속도와 크기에 변화를 주는 것도 좋은데요. 소리를 작게 내다가 크게 내면 비성음을 내는 압력과 공기를 빼는 힘 조절을 할 수 있어서 좋고요. 음을 짧게 내다가 길게 내면 호흡 조절 연습에 도움이 됩니다.

이렇게 변화를 주면서 연습을 하면 공명점을 여러 방법으로 자극하게 됩니다. 음의 높낮이와 세기, 길이를 다르게 내면서 평소에 사용하지 않는 공명음을 내게 되고, 공명이 되는 공간이 넓어져서 울림소리가 풍부해집니다. 자신이 주로 소리 내는 음과 다른 음을 내면서 소리가 다채로워지는 거죠.

동요가 아니라 개인적으로 좋아하는 노래로 연습해도 좋습니다. 기분이 좋아지는 효과도 있으니, 습관처럼 자주 연습해보세요.

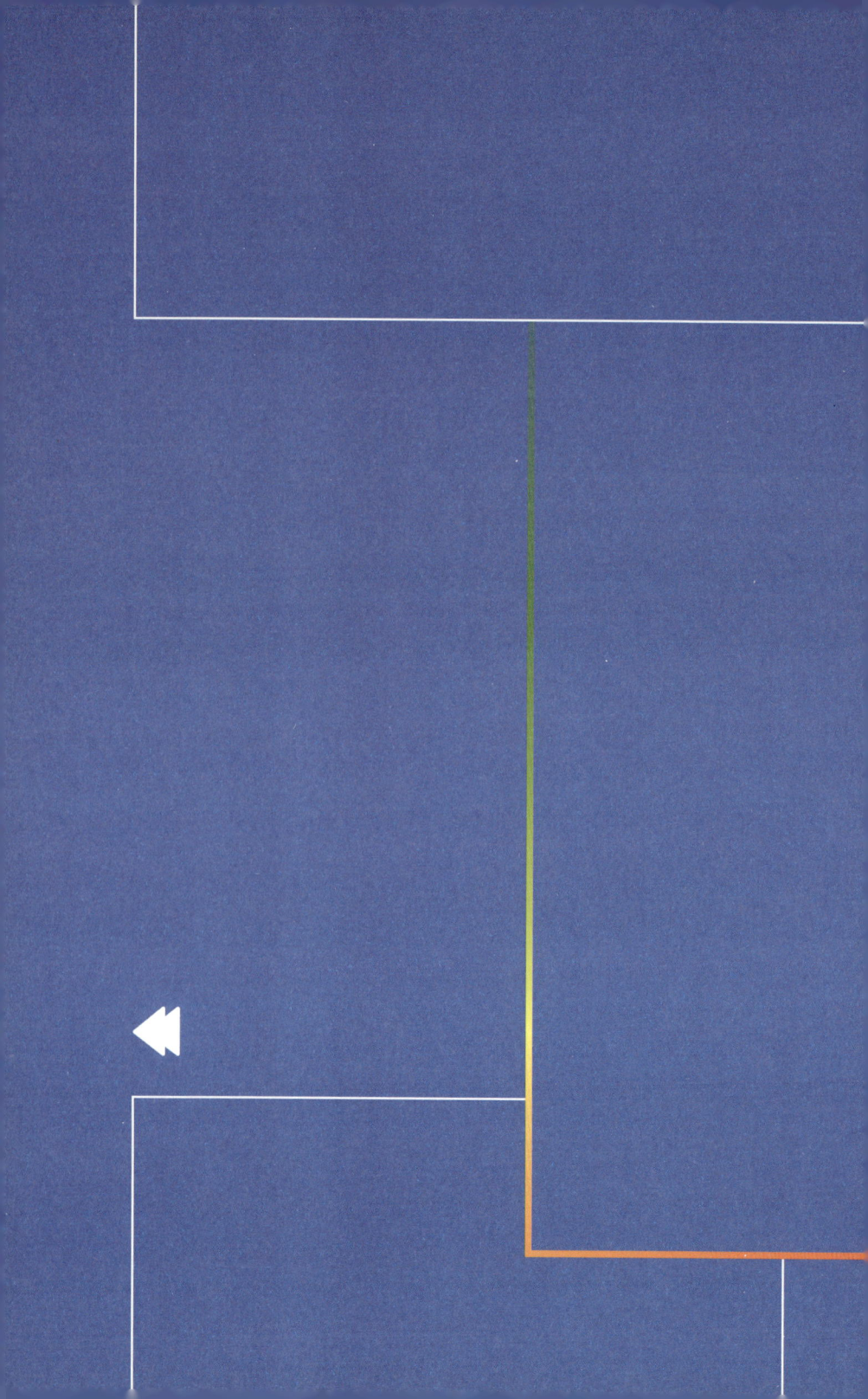

4부

발음도 연습이 필요하다

리을을 R로 발음하고 있다면

목소리가 아무리 좋아도 발음이 좋지 않으면 전달력이 많이 떨어지죠. '발음이 잘 안 돼요'라며 오는 케이스 중 가장 많이 오는 케이스는 '[ㄹ] 발음이 어렵다'라는 분들입니다. [ㄹ]을 발음하면 자꾸 [ㄴ]이나 [ㄷ]으로 소리가 나거나 혀 짧은 소리가 난다고 하죠. 저는 자음 발음에 가장 크게 영향을 주는 것이 혀의 위치와 움직임이라고 말하는데요. 자음 중 혀가 가장 많이 움직이는 발음이 [ㄹ]이기 때문에 더 어려워하는 것 같아요.

발음이 너무 안 좋아서 수업을 하게 된 학생이 있었는데 특히 [ㄹ] 발음이 잘되지 않고 대부분 [ㄴ]으로 소리가 났어요. 그래서 [ㄹ]을 발음할 때는 혀를 위로 들어 올려서 발음하는 거라고 그림을 그려 알려줬습니다.

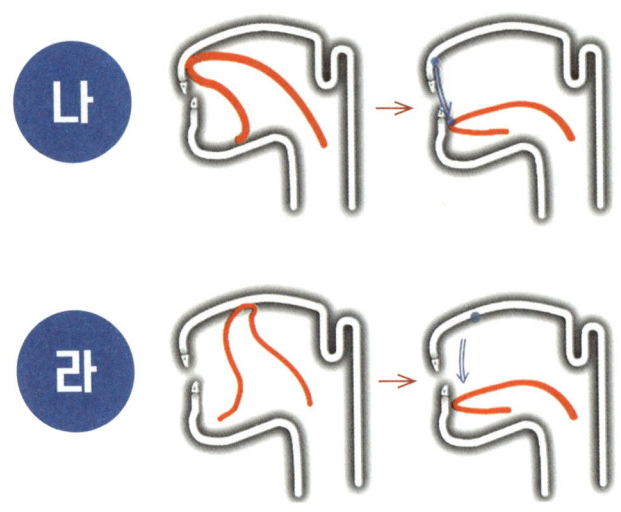

[나]와 [라]를 발음할 때 혀의 변화

[ㄴ]과 [ㄹ] 발음은 혀의 모양과 닿는 위치가 다른데요. 위의 그림에서 보이듯이 [나] 발음은 혀의 앞쪽(윗면)이 치아 뒤의 위쪽 잇몸에 살짝 닿았다가 떨어지고, [라] 발음은 혀가 위로 올라가며 살짝 꺾인 상태에서 혀의 뒷면이 윗잇몸에 살짝 닿았다가 내려옵니다.

[ㄹ] 발음은 혀가 위쪽을 치고 내려오기만 해도 자연스럽게 꺾이면서 소리가 납니다. 우리가 빠르게 '랄라라라라~'라고 할 수 있는 것도 위쪽을 치기만 하면 발음할 수 있기 때문이에요. 그림에서는 좀 더 잘 보여주기 위해 혀끝을 많이 꺾은 것처럼 표현했습니다. 혀가 꺾이면서 실제로 닿는 부분은 윗니보다 좀 더 뒤쪽, 딱딱한 경구개가 시작되기 직전의 잇몸입니다. 경구개와 잇몸 사이의 오돌토돌한 부분이죠.

[ㄹ] 발음을 할 때 혀끝이 닿는 부분 확인하기

❶ 윗니에서부터 목젖 방향으로 입천장을 혀로 쓸어보세요.
❷ 딱딱한 입천장, 경구개가 시작되는 부분 앞쪽으로 언덕처럼 굴곡이 진 오돌토돌한 부분이 있습니다.
❸ [ㄹ]을 발음할 때 혀가 치는 부분이 바로 이 부분입니다. 혀를 들어 올려 이 부분을 터치했다가 내려오면 자연스럽게 혀끝이 살짝 꺾이면서 내려옵니다.

그런데 이 학생과 [ㄹ] 연습을 하면서 또 다른 문제가 생겼습니다. [ㄹ]을 잘하고 싶은 나머지 혀를 너무 안쪽으로 과하게 말아서 발음했어요. 이러면 혀끝이 위쪽에 닿지 않고 말리기만 한 상태로 영어의 [R] 소리가 나서 오히려 외국인이 발

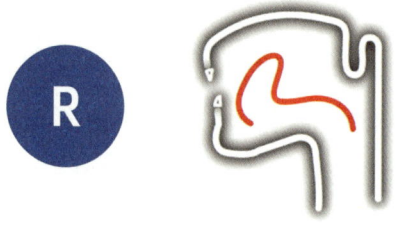

음하는 것처럼 들립니다.

　자음은 혀가 닿는 부분과 면적에 따라서 발음이 달라지는데요. 윗잇몸에 혀끝의 윗면이 닿으면 [ㄴ]이 되고, 닿는 면적이 넓어지면 [ㄷ]으로 소리 납니다. [ㄹ]은 혀가 꺾여 혀끝의 뒷면이 닿아야 하는 거죠. 그리고 혀가 꺾여도 위쪽에 닿지 않고 말리기만 하면 [R] 발음이 납니다.

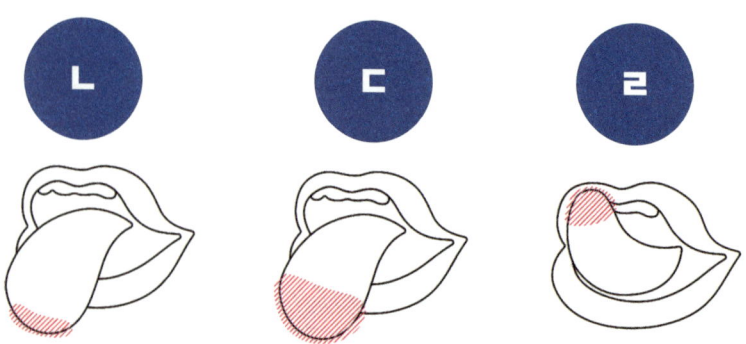

각 자음별 혀가 닿는 부분과 면적

[ㄹ] 발음을 잘하려면 혀뿌리 쪽에 힘이 있어야 합니다. 누워서 다리를 올릴 때 하복근에 힘이 없으면 다리를 못 올리는 것처럼 혀도 뿌리 쪽에 힘이 없으면 잘 올라가지 못하기 때문이에요. 그래서 이 학생도 혀뿌리에 힘을 키우는 연습을 먼저 했어요.

혀뿌리의 힘을 키우면 [ㄹ] 발음뿐 아니라 [ㅅ]과 [ㅈ] 발음에도 도움이 됩니다. 혀뿌리의 힘을 기르기 위한 연습 방법은 여러 가지가 있는데요. 여기에서는 '혀 차기' 훈련을 연습해 볼게요.

혀 차기라고 하면 생소할 수 있는데요. 시계가 움직이는 소리를 흉내 낼 때나 강아지를 부를 때 많이 내는 소리를 떠올리면 됩니다. 보통 강아지를 부를 때는 치아 근처에서 혀를 차는데요. 우리는 혀 앞의 혀끝 힘이 아니라 뒤쪽의 혀뿌리 힘을 키워야 하기 때문에 혀를 최대한 목 안쪽에서 목젖 쪽을 두드리는 느낌으로 혀 차기를 연습하면 됩니다.

혀뿌리 힘을 기르는 혀 차기 연습

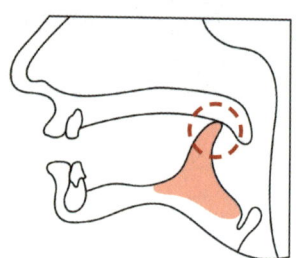

❶ 혀를 최대한 목 안쪽인, 목젖 가까운 쪽을 두드리는 느낌으로 혀를 찹니다.

❷ 한 세트에 30개씩 여러 세트를 연습하세요.

❸ 여러 세트를 연달아서 한 번에 다 할 필요는 없지만 자주 연습하는 것이 좋습니다.

❹ 하루에 몇 분씩이라도 자주, 꾸준히 연습해 보세요. 일상생활을 하면서 부담 없이 할 수 있으니 최대한 자주 연습해 보세요.

혀 차기 훈련을 많이 하면 혀뿌리가 얼얼해질 수 있습니다. 그럴 때는 손으로 턱에서 목으로 연결되는 경계 부분(혀 안쪽에 해당하는 부분)을 손으로 눌러 주면서 자극하면 좋습니다. 발음이 꼬일 때도 이렇게 해보세요.

혀가 꼬이거나 경직될 때 하면 좋은 혀뿌리 마사지 방법

연습을 진짜 많이 하는 분 중 혀에 쥐가 난다고 하는 분들도 있는데요. 실제로 혀도 근육이기 때문에 그럴 수 있습니다. 그럴 때는 긴장을 풀 수 있도록 앞에서 말씀드린 턱과 목의 경계 부분을 꾹꾹 누르면서 근육을 이완해 주세요.

❶ 엄지 혹은 검지로 턱에서 목으로 연결되는 경계 부분(혀 안쪽에 해당하는 부분)을 꾹꾹 눌러주세요.

❷ 습관처럼 자주 반복하면 좋습니다.

❸ 혀의 긴장도가 높아서 발음이 꼬이거나 말을 많이 하기 전, 혀 차기 연습 후 혀뿌리 쪽이 얼얼해질 때 이렇게 마사지를 하면 도움이 됩니다.

[ㄹ] 발음 연습

[ㄹ] 발음은 입안 공간이 작아지는 어휘와 입안 공간이 넓어지는 어휘를 반복해서 연습하면 좋습니다. 받침소리인 종성도 함께 연습하면 혀의 움직임을 더 명확하게 느낄 수 있습니다. 초성은 혀가 위에서 아래로 움직이지만 받침소리는 밑에서 위로 움직이는 특징을 가지고 있기 때문입니다. [라+알]로 소리가 나는 [랄]을 발음한다면 [라] 할 때 혀가 내려왔다가 [알] 하면서 다시 위로 올라갑니다.

모음	ㅏ	ㅑ	ㅓ	ㅕ	ㅗ	ㅛ	ㅜ	ㅠ	ㅡ	ㅣ
초성	라	랴	러	려	로	료	루	류	르	리
종성	라-알	리-알	러-얼	리-얼	로-올	리-올	루-울	리-울	르-을	리-일
	랄	럌	럴	렬	롤	룔	룰	률	를	릴
	라-알, 랄	리-알, 럌	러-얼, 럴	리-얼, 렬	로-올, 롤	리-올, 룔	루-울, 룰	리-울, 률	르-을, 를	리-일, 릴

[ㄹ] 발음 연습표

❶ [ㄹ] 발음 연습표의 초성부터 한 음절을 천천히 발음하며 연습해 보세요. [라], [랴], [러], [려], [로], [료], [루], [류], [르], [리]

❷ 받침이 들어간 음절을 천천히 늘려서 발음해 보세요.
[라-알], [리-알], [러-얼], [리-얼], [로-올], [리-올], [루-울],

[리-울], [르-을], [리-일]

❸ 늘려서 소리 냈던 받침소리들을 한 음절로 빠르게 소리 내보세요. [랄], [럴], [럴], [렬], [롤], [률], [룰], [률], [를], [릴]

❹ 마지막으로 음절의 속도를 바꿔가며 연습해 보세요.

[라-알, 랄], [리-알, 랄], [러-얼, 럴], [리-얼, 렬], [로-올, 롤],

[리-올, 롤], [루-울, 룰], [리-울, 률], [르-을, 를], [리-일, 릴]

[ㄹ]이 반복되는 문장으로 연습하기

롤러스케이트를 타고 롤스로이스를 룰루랄라 쫓아가던 리라 씨는 롤러스케이트가 롤스로이스보다 건강에는 좋지만 롤러코스터를 탄 기분이었다며 언젠가는 롤러스케이트가 아니라 롤스로이스를 타겠다고 말했습니다.

간혹 연습을 얼마나 해야 하냐고 물어보는 분들이 있는데요. 저는 변하고 싶은 마음만큼 하면 된다고 이야기해요. 긴 시간이 아니어도 매일 자주 연습하기를 권합니다. 단시간에 빨리 바뀌길 원한다면 처음 3개월 동안은 하루 2시간 이상 연습하면 됩니다. 습관이 될 때까지 좀 더 타이트하게 훈련하고 그다음부터는 시간은 줄이되 강도를 높이는 방법으로 연습하면 더 효과적으로 연습할 수 있습니다.

[ㄹ]이 안 돼서 온 학생의 경우, 혀 차기 연습으로 혀뿌리 힘을 기르는 것을 먼저 한 후에 [ㄴ]과 [ㄹ]의 차이를 알 수 있도록 [ㄴ], [ㄹ]이 연속으로 소리 나는 발음을 연습했습니다. [나-라], [라-나], [너-러], [러-너] 등의 발음을 소리내 연습하면서 혀의 위치와 혀 끝이 닿는 면적의 차이를 느껴 보세요.

[ㄴ], [ㄹ] 비교 발음 연습표

연속으로 [ㄴ]과 [ㄹ]이 소리 나는 어휘들도 연습해 보세요.

ㅏ	라나	나라	나라	라나	라나	나라	라나	나라
ㅓ	러너	너러	너러	러너	러너	너러	러너	너러
ㅗ	로노	노로	노로	로노	로노	노로	로노	노로
ㅜ	루누	누루	누루	루누	루누	누루	루누	누루
ㅡ	르느	느르	느르	르느	르느	느르	르느	느르
ㅣ	리니	니리	니리	리니	리니	니리	리니	니리

그외 연습 가능한 어휘

가리는 고리는 내리는 다리는 버리는 사리는

소리는 아리는 저리는 차리는 허리는 놀이는 [노리는]

시옷을 th로 발음하고 있다면

유독 [ㅅ] 발음이 안 된다는 분들이 꽤 많은데요. 혀가 어느 위치에 닿아 있는지, 힘이 들어가는 부분은 어디인지, 혀가 움직이는 방향은 어디인지에 따라 발음이 달라지기 때문입니다.

저는 [ㅅ] 발음이 안 되는 케이스를 크게 3가지 유형으로 구분하고 그 안에서 세분화하는데요. 한 가지 원인으로 [ㅅ] 발음이 안 되는 경우도 있고 복합적인 경우도 있습니다. 각 케이스를 확인해 보고 자신에게 맞는 연습 방법과 혀뿌리의 힘을 키우는 '혀 내리기'나 '혀 차기' 연습을 함께 하면 더 효과적입니다.

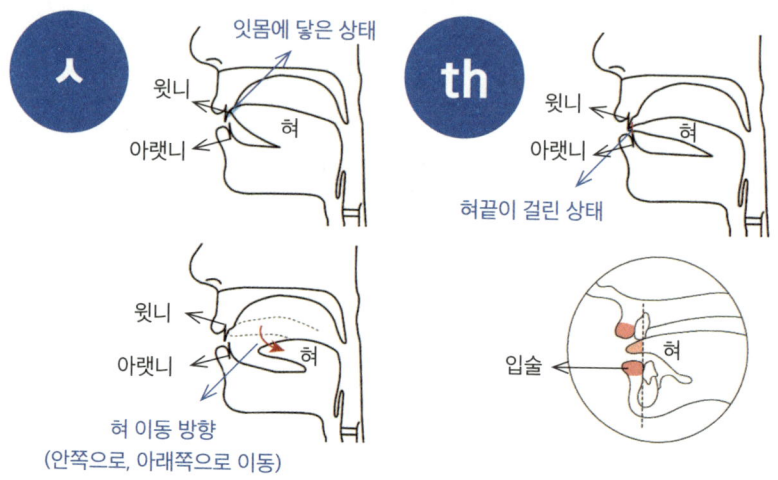

첫 번째는 혀끝이 밖으로 나가는 케이스로 앞의 사례처럼 [ㅅ]을 [th]로 발음하는 경우입니다. 영어 교육이 대중화되고, 영어를 배우기 시작하는 시기가 빨라지면서 이런 경우가 특히 많아진 것 같은데요. [ㅅ] 발음은 윗니의 위쪽 잇몸에 닿았다가 안쪽으로 당겨지고, [th] 발음은 혀가 윗니와 아랫니 사이로 나갔다가 안으로 들어옵니다. 소심하게 메롱 하듯이 혀끝이 밖으로 나가는 거죠.

이런 경우는 혀가 치아 사이로 나가지만 않아도 [ㅅ] 발음을 제대로 할 수 있습니다. 하지만 혀끝이 나가지 않도록 치아를 닫고 발음하다가 오히려 치아를 '앙' 다무는 안 좋은 습관이 생기기도 하니 조심하세요.

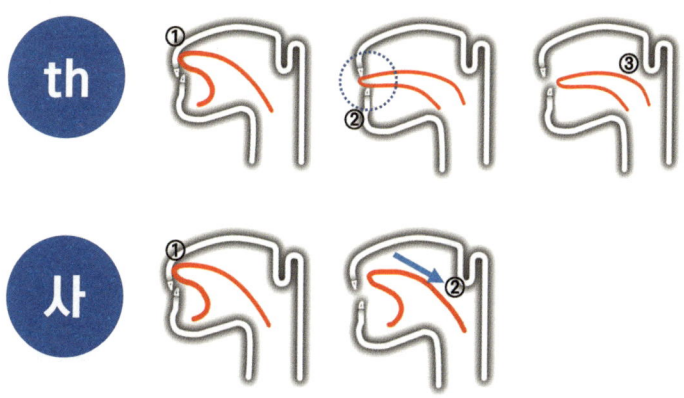

[th] 발음하면 노홍철 님을 떠올리는 분들이 많을 텐데요. 노홍철 님의 영상을 보면 [ㅅ] 발음을 할 때마다 혀끝이 계속 보이면서 [th]로 발음되는 걸 확인할 수 있답니다.

이처럼 [th] 발음은 혀를 아랫니보다 나오도록 입술 밖으로 살짝 빼면서 내는 소리이며, [ㅅ] 발음은 혀가 치아 사이로 나가거나 아랫니보다 밖으로 나가지 않습니다. 누구나 혀를 입술 밖으로 빼면서 발음하면 [ㅅ]이 [th] 발음으로 들릴 수 있는 거죠.

[ㅅ] 발음뿐만 아니라 다른 발음도 마찬가지인데요. 코미디언들이 우스꽝스럽고 말이 어눌한 캐릭터를 연기할 때 혀를

과하게 밖으로 내밀고 발음하잖아요. 이렇게 혀를 치아 밖으로 많이 빼면서 발음하면 우리말은 전체적으로 어눌해집니다.

외국어를 오래 사용했던 분들도 [ㅅ]을 [th]로 발음하는 경우가 많습니다. 외국에서 초중고를 다니고 성인이 돼서 한국에 온 분이 있었어요. 어릴 때부터 부모님께 한국어를 배웠기 때문에 우리말을 잘 알아듣지만, 발음은 좋지 않았는데요. 4개 국어를 유창하게 하는 분인데 유독 한국어 발음이 좋지 않았습니다.

한국어는 혀를 위아래로 움직이거나 안쪽으로 당기는 움직임이 많습니다. 하지만 영어를 포함한 다른 언어들은 전체적으로 혀가 떠 있는 상태에서 앞뒤로 움직이거나 혀를 마는 발음입니다. 그래서 외국어를 잘하는 분 중 한국어 발음이 좋지 않은 분들이 많은 거죠.

[ㅅ] 발음 셀프 체크

다음 세 가지 문장을 읽는 자기 입 모양을 촬영해 보세요. 촬영한 영상을 입 모양에 집중해서 확인하는데, [ㅅ] 발음에서 혀가 아랫니보다 밖으로 나오는지 주의 깊게 살펴보세요. 만약 [ㅅ] 발음이 [th]로 소리 나서 고민이라면 말하는 중간중간, 특히 [ㅅ] 발음을 할 때마다 혀끝이 보일 거예요.

❶ 실수가 발생하는 것은 스스로 실수하지 말아야겠다고 생각하는 순간 시작된다.

❷ 소나무 숲속 수사슴이 실바람을 타고 온 솔솔솔 솔내음을 맡는다.

❸ 소심한 소년과 세심한 소녀가 수박과 옥수수를 먹으며 수수께끼를 풀다가 사소한 이유로 싸움이 일어나 시시비비를 가리며 서로에게 상처가 되는 말을 주고받아 속상해하며 슬퍼했다.

잘못된 발음 습관이 얼굴형을 바꾼다?

[ㅅ] 발음이 안 되는 또 다른 유형은 턱이 다른 방향으로 움직이는 경우예요. 턱을 다른 방향으로 움직이는 유형 중 가장 많은 것이 턱을 앞뒤로 밀면서 발음하는 케이스입니다. 이렇게 [ㅅ]을 발음하면 소리가 약간 늘어지는 느낌이 납니다. 또 아래턱을 내밀기만 하는 것이 아니라 아래턱을 돌리는 방식으로 발음하는 경우도 있습니다.

턱을 내밀거나 돌리는 습관이 있는 경우 그림처럼 아래턱이 튀어나오거나 입 모양의 대칭이 틀어져서 정면에서 봤을 때 좌우를 비교해 보면 치아가 보이는 정도에 차이가 있습니

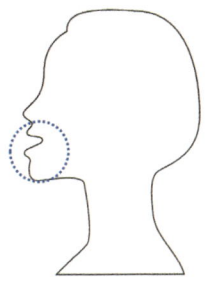 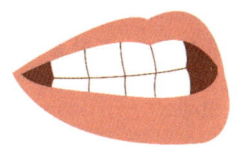

① 턱을 앞으로 내밀어　　　② 턱을 굴려서 입모양이
　아래턱이 나온 경우　　　　　찌그러지는 경우

다. 이렇게 [ㅅ]을 발음하면 발음이 잘되지 않는 거죠.

　턱을 내밀거나 돌리는 것은 일반적으로 눈에 띄게 보이지 않기 때문에 스스로는 모르는 경우가 많습니다. 그래서 이런 분들과 상담할 때 입 모양 위주로 영상을 찍어서 보여드리면 지금까지 이렇게 발음했는지 몰랐다면서 다들 깜짝 놀라세요. 이렇게 발음하는 것이 습관으로 자리 잡으면 부정교합의 원인이 될 수 있기 때문에 조심해야 합니다. 발음 연습을 하면서 본인이 어떻게 발음하고 있는지 거울을 보거나 촬영을 해서 확인해 보세요.

주걱턱을 만드는 턱 내밀기 & 턱을 돌리는 맷돌 발음 습관 체크

다음 원고를 소리 내 읽으면서 카메라에 입과 턱이 잘 나오도록 촬영해 보세요. 영상을 보면서 턱이 움직이는 방향과 입 모양을 체크해 보세요.

잘하고 싶습니다. 되고 싶습니다. 먹고 싶습니다. 잊고 싶습니다. 꿈인가 싶습니다. 얻고 싶습니다. 만나고 싶습니다. 노력하겠습니다. 최선을 다하겠습니다. 달성하겠습니다. 완성하겠습니다.

아나운서를 준비하는 분과 수업을 한 적이 있었는데요. 상담할 때 이런 습관이 있다는 것을 알려드렸더니 '1년 전에 부정교합 수술을 했다며 지금은 아무도 모르는데 신기하다'고 놀라시더라고요. 저는 '지금은 수술한 지 얼마 안 돼서 티가 전혀 나지 않지만 이 습관을 계속 갖고 있으면 조금씩 예전처럼 돌아갈 수도 있다'고 말씀드렸어요. 그랬더니 정말 열심히 연습했고, 나쁜 습관도 고칠 수 있었습니다.

턱을 앞으로 밀면서 발음하는 습관을 고치는 방법은 의외로 간단합니다. 손을 펴서 턱을 몸쪽으로 밀어주면서 턱이 앞으로 나오지 않도록 고정한 상태로 발음 연습을 하면 됩니다.

턱을 앞으로 밀면서 발음하는 습관을 고치는 턱 밀기 연습

❶ 엄지를 들고 네 손가락을 붙여서 [ㄴ] 모양으로 만든다.

❷ 아랫입술에 검지가 살짝 닿게 붙인다.

❸ 내 몸 쪽으로 손을 밀면서 발음 연습을 한다.

혀뿌리에 힘이 생기면 발음이 좋아진다

마지막 케이스는 혀를 안쪽으로 당기지 못하는 경우인데요. 혀를 어떤 방향으로 당겨야 할지 모르거나 혀뿌리에 힘이 없어 당기는 힘이 부족하면 [ㅅ] 발음이 잘되지 않습니다.

[ㅅ] 발음은 기본적으로 혀끝이 치아 바로 뒤쪽 잇몸에 살짝 닿았다가 목 안쪽으로 당겨지면서 소리가 나는데요. [ㅅ]에 [ㅣ] 모음이 더해지면 혀끝이 잇몸에 닿지 않고도 발음할 수 있습니다. [시]의 경우 사선 방향의 안쪽으로 당겨서 소리를 내기 때문인데요. [시+아=샤], [시+어=셔], [시+오=쇼], [시+우=슈] 발음도 혀가 윗잇몸에 닿지 않으니 이 부분을 주

의해서 연습해 보세요.

혀끝이 잇몸에 닿는 경우	[사], [서], [소], [수], [스], [새], [세], [솨], [쇠], [쇄], [쉬], [쉐]
혀끝이 잇몸에 닿지 않는 경우	[시], [샤], [섀], [셔], [셰], [쇼], [슈], [쉬] ⇨ [ㅅ]에 [ㅣ] 모음이 더해져서 발음되는 음절

저는 이런 유형의 분들에게 움직임의 차이를 느낄 수 있도록 [나]와 [사] 발음을 연속해서 연습하게 합니다. 왜냐하면 [나]와 [사] 발음 모두 혀의 앞쪽이 치아 바로 뒤쪽 잇몸에 살짝 닿으면서 시작하지만 [나]는 혀가 아래로 내려가고, [사]는 안쪽으로 당겨지기 때문입니다. 혀를 안쪽으로 당기는 느낌을 모르겠다면 혀의 양쪽 옆 날이 어금니 쪽을 살짝 쓸어준다고 생각하면서 움직이는 것도 좋습니다. 이때 주의할 점은 혀끝에 힘이 들어가지 않도록 하는 건데요. 혀끝에 힘이 많이 들어가면 된소리 발음인 [싸]가 되기 때문입니다.

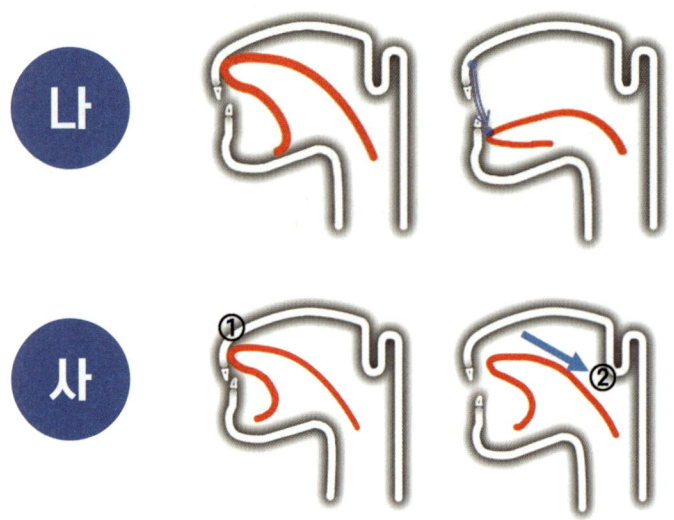

혀의 방향 차이를 연습하는 [나], [사] 원고 연습표

1	나	사	자	다	차	타
2	사	나	다	자	타	차
3	자	타	사	다	나	차
4	타	자	다	사	차	나
5	다	타	차	자	나	사
6	차	다	자	사	타	나

[ㄴ-ㅅ] 발음 연습표

니시	니시	니시	시니	시니	시니
냐샤	냐샤	냐샤	샤냐	샤냐	샤냐
녀셔	녀셔	녀셔	셔녀	셔녀	셔녀
뇨쇼	뇨쇼	뇨쇼	쇼뇨	쇼뇨	쇼뇨
뉴슈	뉴슈	뉴슈	슈뉴	슈뉴	슈뉴
나사	나사	나사	사나	사나	사나
너서	너서	너서	서너	서너	서너
노소	노소	노소	소노	소노	소노
누수	누수	누수	수누	수누	수누
느스	느스	느스	스느	스느	스느

[ㅅ]이 반복되는 문장

서울시 서대문구의 샹그릴라 호텔에서 신진 샹송 가수 송성상 씨가 신춘 샹송쇼를 열었습니다. 가수 송성상 씨는 점심에 나온 소시지 소스 스테이크와 미트 소시지 소스 스파게티가 깐쇼새우와 크림소스 소시지 스테이크보다 비싸다며 호텔에 크게 항의했습니다. 관계자들은 가수 송성상 씨의 행동이 터무니없는 주장이라며 유감을 표했습니다.
〈무한도전의 'ㅅ'뉴스 내용을 토대로 수정한 원고입니다.〉

처음부터 빠르게 발음하기는 어려우니 천천히 한 음절씩 끊어서 발음해 보세요. 한 음절씩 발음하는 것이 익숙해지면 속도를 조금씩 높여서 강도를 올리는 방식으로 연습하는 것이 좋습니다.

뚜타당으로 따라와!
- 혀 트레이닝이 중요한 이유

[ㅅ]과 마찬가지로 [ㅈ], [ㅊ] 발음도 다른 자음 발음과 혀의 동선이 달라서인지 어려워하는 분들이 많습니다. 이 세 개의 자음은 발음할 때 혀가 안쪽으로 당겨지면서 어금니 쪽에 혀 옆쪽이 쏠리면서 소리가 나는데요. 이때 혀를 당기는 힘이 부족하면 [ㅈ]이 [ㄷ]이나 [ㄸ]으로 소리 나고 [ㅊ]도 [ㅌ]으로 소리가 납니다.

제가 5년 동안 공연 MC를 하며 만난 여러 아티스트 중 한 분도 [ㅈ]과 [ㅊ] 발음으로 고민을 많이 했는데요. 굉장히 잘 생기고 스타일도 좋아서 여성분들한테 정말 인기가 많은 분이었어요. 연주 실력도 뛰어나서 방송 출연 섭외나 개인 방송 채널을 만들어 주겠다는 제안도 많이 받았는데, 좋은 기회가 많은데도 다 거절하는 거예요. 왜 항상 거절할까 궁금했는데 알고 보니 발음이 안 좋아서 사람들 앞에 나서는 게 너무 싫다면서, 발음으로 인한 콤플렉스를 갖고 있다고 했어요.

이분은 세상에서 제일 싫은 단어가 '주차장'이라고 했어요. 전화로 배달 음식을 시킬 때도 집 앞 공영 주차장 앞으로 오면 된다는 말을 못 하고 한 블록 앞의 놀이터까지 걸어가서 받아 왔다면서요.

이분이 갑자기 발음을 교정해야겠다고 생각한 계기는 코로나였는데요. 그전까지는 공연만으로도 충분히 생활했지만 코로나 이후로 공연이 없어지면서 먹고사는 데 문제가 생긴 거죠. 후배들은 코로나로 공연이 없어져도 개인 방송을 만들어 돈도 잘 벌고 인기도 많아지는데, 선배인 자신은 계속 기회를 놓치면서 뒤처지는 기분이 들었다고 합니다. 그래서 이제라도 개인 방송을 해야겠다고 생각했고 가장 먼저 발음을 고쳐야겠다고 결심한 거예요.

그래서 저와 함께 혀뿌리의 힘을 기르는 연습을 시작했어요. 혀뿌리에 힘이 생기면 소릿길도 더 잘 열리고 [ㅅ], [ㅈ], [ㅊ]과 [ㄹ], [ㄱ]을 발음할 때도 도움이 됩니다.

혀뿌리의 힘을 키우는 방법은 앞서 말한 혀 차기뿐 아니라 여러 도구를 사용하는 방법이 있는데요. 연습 도구는 젓가락, 숟가락, 탁구공, 키친타월, 왕사탕, 얼음, 골프공 등 입안 공간을 차지하고 혀를 누를 수 있는 것이라면 모두 괜찮습니다.

제가 가장 많이 사용하는 방법은 젓가락이나 탁구공을 이용한 방법인데요. 젓가락 훈련은 턱 움직임이 불편하지만, 누르는 강도를 세게 할 수 있다는 장점이 있습니다. 탁구공 훈련은 공이 입안 공간을 가득 채우기 때문에 안정적이고 일정한 압박을 주면서 입 모양을 자유롭게 사용한다는 장점이 있습니다.

젓가락을 사용해 혀뿌리의 힘을 기르는 연습

젓가락 훈련이라고 하면 보통 젓가락을 가로로 물고 발음 연습하는 것을 많이 생각합니다. 그러나 혀뿌리 힘을 기르는 훈련에서는 젓가락을 가로로 물지 않고 안쪽으로 넣어서 연습하겠습니다.

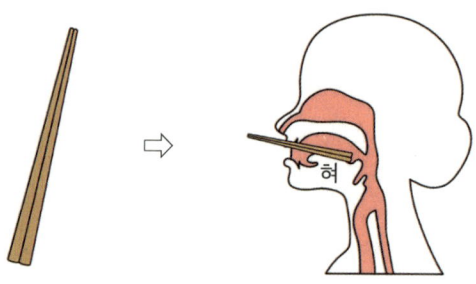

❶ 먼저 일회용 젓가락을 준비하세요. 식사할 때처럼 뜯지 말고 통으로 사용합니다.

❷ 가는 부분인 아래쪽을 손으로 잡고 도톰한 손잡이 부분을 구역질이 나지 않을 정도까지 입안 깊이 넣습니다.

❸ 아랫니에 젓가락을 대고 지렛대처럼 고정해서 혀의 뿌리 부분을 누르세요.

❹ 젓가락을 누를수록 혀뿌리 쪽이 자꾸 올라올 겁니다. 혀의 뿌리를 누른 상태에서 최대한 낼 수 있는 만큼 '아~' 소리를 내보세요.

❺ 특히 발음할 때마다 혀가 더 올라올텐데 소리를 내면서 계속 아래쪽으로 눌러주세요. 익숙해지면 다음의 혀 내리기 발음표를 사용해 연습을 반복하면 됩니다.

이때 턱이 나오지 않도록 주의해야 하는데요. 평소 턱을 내밀면서 발음하는 습관이 없다면 크게 신경 쓰지 않아도 됩니다. 간혹 젓가락으로 혀를 누르기 때문에 턱 쪽에 힘이 과하게 들어가는 경우가 있어요. 턱을 앞으로 내밀지는 않아도 위아래로 힘이 세게 들어갈 수 있으니, 턱에 너무 힘을 주지 않도록 조심하세요.

젓가락을 넣을 때 너무 얕게 넣는 분도 있는데, 토하지 않을 정도로 최대한 안쪽으로 넣는 것이 중요합니다. 또 지렛대처럼 앞니 아래쪽에 받친 상태에서 혀를 눌러주는 것에 많이 신경 쓰면서 하는 게 좋습니다. 침이 많이 나올 수 있으니 중간중간 쉬면서 연습해 보세요.

이 훈련을 할 때는 지금 보여드리는 혀 내리기 훈련 발음표만 사용해서 발음하세요. 이 발음표에 있는 음절들이 다른 음절과 달리 혀가 더 내려가야 발음이 정확해지는 음절이기 때문입니다.

혀 내리기 발음표 1

	ㅏ	ㅑ	ㅓ	ㅕ	ㅗ	ㅛ	ㅜ	ㅠ	ㅡ	ㅣ	ㅔ	ㅐ	ㅚ	ㅟ
ㅁ	마	먀	머	며	모	묘	무	뮤	므	미	메	매	뫼	뮈
ㅂ	바	뱌	버	벼	보	뵤	부	뷰	브	비	베	배	뵈	뷔
ㅇ	아	야	어	여	오	요	우	유	으	이	에	애	외	위
ㅍ	파	퍄	퍼	펴	포	표	푸	퓨	프	피	페	패	푀	퓌
ㅎ	하	햐	허	혀	호	효	후	휴	흐	히	헤	해	회	휘
ㅁ	맘	먐	멈	몀	몸	묨	뭄	뮴	음	밈	멤	맴	뫔	뮘
ㅂ	밤	뱜	범	뱸	봄	뵴	붐	뷈	븜	빔	벰	뱀	뵘	뷈
ㅇ	암	얌	엄	염	옴	욤	움	윰	음	임	엠	앰	욈	윔
ㅍ	팜	퍔	펌	폄	폼	푬	품	퓸	픔	핌	펨	팸	푐	퓜
ㅎ	함	햠	험	혐	홈	횸	훔	흄	흠	힘	헴	햄	횜	휨

탁구공을 활용하여 혀뿌리에 힘을 기르는 연습

탁구공은 새것으로 깨끗하게 소독하고 닦아서 사용하면 되는데요. 입이 너무 작아서 공을 넣기 어렵거나 턱관절이 안 좋은 분들, 공을 입에 넣는 것이 거북한 분들은 키친타월을 이용해 보세요.

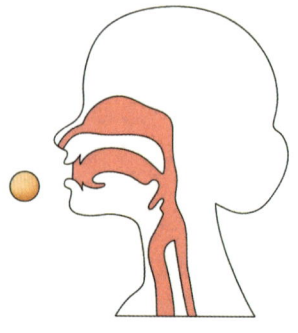
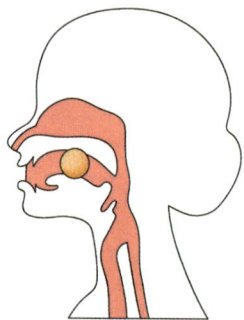

❶ 깨끗이 세척한 탁구공을 준비해 입에 쏙 넣습니다.

❷ [마, 바, 아, 파, 하]와 같이 혀가 내려갔을 때 소리가 더 잘 나는 발음을 연습합니다.

❸ 오래 물고만 있어도 혀뿌리 힘이 생기는 데 효과가 있습니다.

❹ 주의해야 할 것은 [마, 바, 아, 파, 하] 외의 다른 발음을 연습하는 것은 권장하지 않습니다. 다른 발음들은 혀가 움직여야 발음이 나는 소리이기 때문입니다.

※ 어린이들은 혹시 모를 사고를 방지하기 위해 입 안에 도구를 넣는 연습할 때 꼭 보호자와 함께 연습하세요.

혀 내리기 발음표 2

	ㅏ	ㅑ	ㅓ	ㅕ	ㅗ	ㅛ	ㅜ	ㅠ	ㅡ	ㅣ	ㅔ	ㅐ	ㅚ	ㅟ
ㅂ	바	뱌	버	벼	보	뵤	부	뷰	브	비	베	배	뵈	뷔
ㅁ	마	먀	머	며	모	묘	무	뮤	므	미	메	매	뫼	뮈
ㅎ	하	햐	허	혀	호	효	후	휴	흐	히	헤	해	회	휘
ㅇ	아	야	어	여	오	요	우	유	으	이	에	애	외	위
ㅍ	파	퍄	퍼	펴	포	표	푸	퓨	프	피	페	패	푀	퓌
ㅂ	밤	뱜	범	벰	봄	뵴	붐	븀	븜	빔	벰	뱀	뵘	뷤
ㅁ	맘	먐	멈	몀	몸	묨	뭄	뮴	믐	밈	멤	맴	묌	뮘
ㅎ	함	햠	험	혐	홈	횸	훔	흄	흠	힘	헴	햄	횜	휨
ㅍ	팜	퍔	펌	폄	폼	푬	품	픔	픔	핌	펨	팸	푐	퓜
ㅇ	암	얌	엄	염	옴	욤	움	윰	음	임	엠	앰	욈	윔

같은 원고로만 연습하는 것보다는 입 모양에 변화를 줄 수 있도록 음절의 순서를 바꿔서 연습하면 더 좋습니다.

키친타월 공을 이용한 혀뿌리에 힘을 기르는 연습

턱관절이 안 좋거나 입 공간이 아주 작은 분들을 위해서 크기를 조절할 수 있도록 키친타월로 공을 만드는 방법을 알려드릴게요. 탁구공을 넣을 때 입천장에 통증이 있거나 잇몸이 약한 분들도 키친타월 공 연습을 권해드려요. 연습 방법은 탁구공 연습법과 동일합니다.

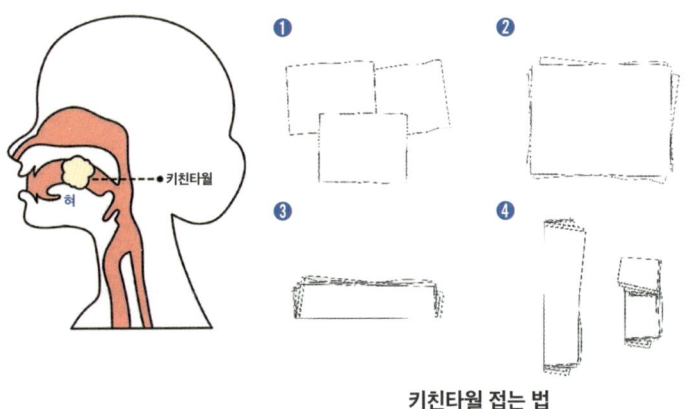

키친타월 접는 법

❶ 키친타월 3장을 준비해 겹친 후 세로로 길게 접기를 3번 반복합니다.

❷ 얇게 접힌 키친타월을 둘둘둘 마는 느낌으로 굴리듯이 접어서 동그란 모양을 만드세요.

❸ 만들어진 키친타월 공을 입에 쏙 넣어서 훈련합니다.

❹ 공을 최대한 입 안쪽까지 넣어 혀의 뿌리를 누른 상태에서 혀 내리기 발음표와 모음만 있는 원고를 사용해 반복해서 연습해 보세요.

❺ 입에 넣으면 침에 젖어 키친타월이 작아지니 처음에는 다소 큰

느낌이 들어도 괜찮습니다.

❻ 훈련을 하면서 크기를 좀 더 크게 만들고 싶으시면 키친타월을 한 장 더 사용하세요.

혀 내리기 발음표 3

ㅏ	ㅑ	ㅓ	ㅕ	ㅗ	ㅛ	ㅜ	ㅠ	ㅡ	ㅣ	ㅔ	ㅐ	ㅚ	ㅟ
아	야	어	여	오	요	우	유	으	이	에	애	외	위
암	얌	엄	염	옴	욤	움	윰	음	임	엠	앰	욈	윔
하	햐	허	혀	호	효	후	휴	흐	히	헤	해	회	휘
함	햠	험	혐	홈	횸	훔	흄	흠	힘	헴	햄	횜	휨
마	먀	머	며	모	묘	무	뮤	므	미	메	매	뫼	뮈
맘	먐	멈	몀	몸	묨	뭄	뮴	믐	밈	멤	맴	묌	뮘
바	뱌	버	벼	보	뵤	부	뷰	브	비	베	배	뵈	뷔
밤	뱜	범	볌	봄	뵴	붐	뷺	븜	빔	벰	뱀	뵘	뷤
파	퍄	퍼	펴	포	표	푸	퓨	프	피	페	패	푀	퓌
팜	퍔	펌	폄	폼	푱	품	퓸	픔	핌	펨	팸	푐	퓜

따탕은 도다오는 거야!
- 내 혀가 짧은가?

아이 같은 목소리 이미지로 고민하는 분 중에는 발음 때문에 아이 같은 느낌이 드는 경우가 있어요. 혀 짧은 소리가 나서 발음을 잘하고 싶다고 저를 찾아온 한 대리님은 업무 중에 통화를 할 때 상대방이 잘 못 알아듣는 것이 가장 불편하다고 하셨어요. 게다가 연차가 높아지면서 만나는 사람들이 자신을 너무 어리게 봐서 곤란할 때가 종종 있다고 했고요. 대리님은 이게 다 혀가 짧아서 그런 것 같다며 발음을 더 정확하게 하려면 어떻게 연습하냐고 물었습니다.

발음 분석을 하고 보니 실제로 이 대리님은 혀가 짧은 게 아니었어요. 입술에 힘을 많이 주면서 입을 모아서 발음하는 습관과 혀에 힘이 많이 들어가는 습관이 혀 짧은 소리의 원인이었습니다. 입술과 혀에 힘이 많이 들어가면 된소리 발음이 많이 들리고 전체적으로 발음이 경직되거든요. 미취학 아이들이 이렇게 발음하기 때문에 아이 같은 목소리로 여겨집니다.

어린아이들은 신생아 때 젖을 빨면서 혀 앞쪽(혀끝)의 힘이 세지고 입을 모으는 입술 근육이 발달하기 때문에 입과 혀의 힘을 많이 주고 발음합니다. 그래서 처음 발음을 배우면 [가] 발음이 [까] 발음이나 [꼬]에 가깝게 나는 거예요. 성장을 하면서 힘이 빠지기도 하고 다른 근육에 힘이 생기면서 발음이 점점 좋아집니다.

그런데 어른이 되어서도 발음을 너무 정확하게 하려고 혀와 입술 근육에 힘을 많이 주거나 혀 근육을 골고루 사용하지 않는 습관이 자리 잡았을 경우, 대리님처럼 혀 짧은 소리가 날 수 있습니다. 또 세심하거나 조심성이 많은 분들도 입을 모아서 발음하는 경우가 많아 아이처럼 느껴질 수 있습니다.

치아 교정을 했던 것이 혀와 입술에 힘을 주는 원인이 되는 예도 있는데요. 교정기를 오래 착용하면서 교정기가 보이는 게 싫으니까 입을 모으는 게 습관이 된 분들도 종종 봅니다. 만약 교정기를 오랫동안 했거나 현재 교정기를 하는 분 중에 혀 짧은 소리가 나서 고민이라면, 교정기로 인해 입술에 힘을 많이 주고 입을 모아서 발음하는 건 아닌지 체크해 보세요.

유사한 사례로 설측 교정을 했던 분들이 있습니다. 설측 교정은 보철이 치아 안쪽의 혀가 닿는 부분에 위치합니다. 보철이 혀에 닿으면 걸리적거리고 불편하니 혀에 힘을 과하게 줘서 치아에 닿지 않게 발음하는 거죠. 이런 반복이 교정 기간 동안 습관이 되면서 발음도 같이 망가집니다. 보통 교정기를 착용할 때 이런 부분까지 고려하지는 않으니, 교정기로 인해 발음이 달라질 수 있다는 것을 잘 모릅니다. 그래서 혀 짧은 소리가 나는 원인을 모르는 경우가 대부분이에요.

하지만 교정기를 했다고 무조건 발음이 나빠지는 건 아닙니다. 자신이 어떻게 발음하는지 알고, 이에 맞춰서 연습하면 발음이 망가지지 않을 수 있습니다. 또 교정기를 뺀 후에 발음 교정 연습을 하면서 발음의 정확도가 더 높아지는 분들도 있고요.

마지막으로 외국에서 오래 살다 온 분들도 발음이 정확하지 않은데요. 이런 분들은 혀가 짧아서라기보다는 혀의 움직이는 방향이 언어에 따라 다르기 때문에 우리말을 발음하는 데 필요한 근육보다 외국어 발음에 필요한 근육이 더 발달해서라고 볼 수 있습니다.

원인은 각각 다르더라도 입술과 혀에 힘이 과도하게 들어가면 '사랑은 돌아오는 거야'라는 말이 '따탕은 도다오는 거야!'처럼 들리기도 하고 '귀신 꿈꿨어'가 '기신 꿍꼬또'처럼 들립니다.

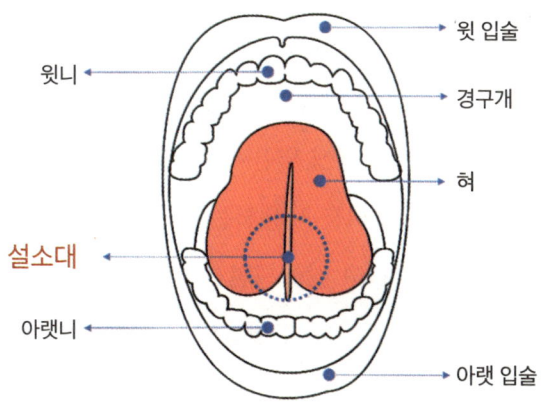

실제로 혀가 짧은 분들과 가장 비슷한 소리를 내는 경우는 설소대가 발달한 케이스인데요. 설소대는 혀 밑바닥의 정중앙에 모여 있는 부분입니다. 위의 그림을 보면 바로 아실 거예요. 이 부분이 많이 발달하면 혀를 위로 들어 올리는 것이 어려워집니다. 혀의 가동 범위가 좁아지니 혀 짧은 소리가 나는 것이죠.

설소대가 많이 발달하면 발음을 배우기 이전에 젖을 빨기가 힘듭니다. 그래서 신생아일 때 설소대 시술을 하는 경우도 있고요. 말을 배우면서 발음에 문제가 돼서 미취학일 때 시술을 하는 경우도 종종 있습니다. 물론 이런 경우에는 어렸을 때 시술을 했기 때문에 자라면서 설소대 때문에 혀 짧은 소리가 나지는 않아요.

성인이 돼서 설소대 시술을 하는 경우도 있는데요. 시술을 한 분 중에 오히려 시술 후에 발음이 안 좋아졌다는 경우도 종종 있었어요. 그동안은 혀를 사용하는 범위가 제한적이었는데 시술 후 사용 범위가 길고 넓어지면서 발음이 더 안 좋아지게 된 거죠. 이런 경우는 처음부터 발음하는 방법을 다시 연습해야 합니다.

지금 혀 짧은 소리가 고민이라면 셀프 체크해 보세요. 설소대가 원인인지, 또 혀의 길이가 짧은지 등을 바로 확인할 수 있습니다.

혀가 진짜 짧은지 아닌지 셀프 체크

❶ 먼저 입을 크게 벌려서 [아] 발음을 해보세요.

❷ 입을 벌린 상태에서 턱을 위아래, 양옆으로 움직이지 않고 혀만 위로 들어 올려보겠습니다.

❸ 혀끝이 입천장에 닿는지, 닿지 않는지 확인해 보세요. 설소대가 발달했거나 혀가 짧은 분들은 혀끝이 입천장에 닿지 않습니다.

이 대리님은 혀 앞쪽의 힘이 세고 입술에도 힘을 많이 주기 때문에 혀 뒤쪽의 힘을 키워 균형을 맞출 수 있도록 혀뿌리의 힘을 기르는 훈련을 했습니다. 그리고 입술에 힘을 주면서 모으는 습관을 고치기 위해 입술을 옆으로 벌리도록 젓가락을 가로로 물고 발음하는 연습을 함께 했어요. 대리님과 비슷한 고민을 갖고 있다면 혀뿌리 힘 기르기와 젓가락을 가로로 물고 발음하기 연습을 해보세요.

혀 내리기 발음표 4

	ㅏ	ㅓ	ㅗ	ㅜ	ㅡ	ㅑ	ㅕ	ㅛ	ㅠ	ㅣ	ㅔ	ㅐ	ㅚ	ㅟ
ㅁ	마	머	모	무	므	먀	며	묘	뮤	미	메	매	뫼	뮈
ㅂ	바	버	보	부	브	뱌	벼	뵤	뷰	비	베	배	뵈	뷔
ㅇ	아	어	오	우	으	야	여	요	유	이	에	애	외	위
ㅍ	파	퍼	포	푸	프	퍄	펴	표	퓨	피	페	패	푀	퓌
ㅎ	하	허	호	후	흐	햐	혀	효	휴	히	헤	해	회	휘
ㅁ	맘	멈	몸	뭄	믐	먐	몀	묨	뮴	밈	멤	맴	묌	뮘
ㅂ	밤	범	봄	붐	븜	뱜	볌	뵴	븀	빔	벰	뱀	뵘	뷤
ㅇ	암	엄	옴	움	음	얌	염	욤	윰	임	엠	앰	욈	윔
ㅍ	팜	펌	폼	품	픔	퍔	폄	푬	퓸	핌	펨	팸	푐	퓜
ㅎ	함	험	홈	훔	흠	햠	혐	횸	휸	힘	헴	햄	횜	휨

입과 혀의 움직임이 중간에 바뀌는 것을 어려워하는 분은 [ㅏ], [ㅓ], [ㅗ], [ㅜ], [ㅡ]처럼 쉽게 소리 낼 수 있는 음절을 먼저 연습한 후에 어려운 [ㅑ], [ㅕ], [ㅛ], [ㅠ] [ㅣ] 발음을 모아서 연습해 보세요.

혀 내리기 발음표 5

앞의 연습표에 받침소리를 더했습니다.

	ㅏ	ㅓ	ㅗ	ㅜ	ㅡ	ㅑ	ㅕ	ㅛ	ㅠ	ㅣ	ㅔ	ㅐ	ㅚ	ㅟ
ㅁ	맙	멉	몹	뭅	믑	먑	몁	묩	뮵	밉	멥	맵	묍	뮙
ㅂ	밥	법	봅	붑	븝	뱝	볍	뵵	븁	빕	벱	뱁	뵙	븹
ㅇ	압	업	옵	웁	읍	얍	엽	욥	윱	입	엡	앱	웹	윕
ㅍ	팝	펍	폽	풉	픕	퍕	폅	푭	퓹	핍	펩	팹	푑	퓝
ㅎ	합	헙	홉	훕	흡	햡	협	횹	휴	힙	헵	햅	획	휩
ㅁ	망	멍	몽	뭉	믕	먕	명	묭	뮹	밍	멩	맹	묑	뮝
ㅂ	방	벙	봉	붕	븡	뱡	병	뵹	븅	빙	벵	뱅	뵁	븽
ㅇ	앙	엉	옹	웅	응	양	영	용	융	잉	엥	앵	욍	윙
ㅍ	팡	펑	퐁	풍	픙	퍙	평	푱	퓽	핑	펭	팽	푕	퓡
ㅎ	항	헝	홍	훙	흥	향	형	횽	휭	힝	헹	행	획	휭

이중모음 발음이
어려운 이유

어려운 발음으로 꽤 많이 손꼽히는 것이 이중모음인데요. 예를 들면 '의자'를 [으자]나 [이자]로 발음한다거나 '옛날'을 [엔날]로 발음하는 거죠.

이중모음이 어려운 이유는 발음하는 도중에 입 모양이 한 번 더 변하기 때문입니다. 입을 한 번 더 움직여야 한다는 게 어떤 뜻인지 선뜻 이해가 가지 않을 수도 있는데요. 직접 소리를 내면서 확인해 보면 좀 더 알기 쉬워집니다.

먼저 입을 벌린 상태에서 턱을 움직이지 않고 '아~아~아~'

하고 '아'를 세 번 이어서 소리 내 보세요. '아~아~아~' 소리가 무리 없이 나왔을 겁니다.

이번에는 '야'를 연이어서 '야~야~야~' 소리를 내는데 입을 벌린 상태 그대로 턱을 움직이지 않고 소리를 내볼게요. '아'를 연달아 소리 낼 때처럼 자연스럽게 되지 않았을 거예요. 턱을 움직이지 않고 소리를 내려면 '야~아~아~'로 나올 수밖에 없거든요.

턱을 움직이지 않았을 때 발음이 잘 안되는 이유는 [ㅑ]를 발음하려면 [ㅣ]와 [ㅏ]를 빠르게 이어서 발음해야 하기 때문입니다. [ㅣ+ㅏ]를 빠르게 한 호흡으로 발음하는 거죠. 천천히 하면 '이~아~' 하고 늘어지게 들리지만 입모양을 빠르게 바꾸면 [야]가 됩니다.

[ㅏ]와 [ㅑ], [ㅓ]와 [ㅕ], [ㅗ]와 [ㅛ], [ㅜ]와 [ㅠ]는 비슷하지만, 분명히 다른 발음입니다. [ㅑ], [ㅕ], [ㅛ], [ㅠ]는 입을 한 번 더 움직여야 하는 이중모음으로, 단모음에 [ㅣ]가 더해진 발음입니다. 그러므로 이 발음이 잘 안 된다면 이렇게 발음을 나누어서 연습해 보세요. 한 호흡으로 '이~아, 이~아, 이~아, 야'가 될 수 있도록 연습하면 됩니다.

[ㅑ] = [ㅣ+ㅏ]

[ㅕ] = [ㅣ+ㅓ]

[ㅛ] = [ㅣ+ㅗ]

[ㅠ] = [ㅣ+ㅜ]

현재 국어 문법상에서 이중모음은 총 11개로, [ㅑ], [ㅒ], [ㅕ], [ㅖ], [ㅘ], [ㅙ], [ㅛ], [ㅝ], [ㅞ], [ㅠ], [ㅢ]가 이중모음에 해당합니다. 여기에서는 문법에 따라 분류하기보다는 발음 연습을 쉽게 할 수 있는 방법으로 구분해서 알려드리겠습니다. 그리고 단모음으로 분류가 되는 [ㅐ]와 [ㅔ]에 대한 것도 여기에서 다루도록 할게요.

이 두 발음을 구분하는 방법은 입 모양인데요. [ㅐ]는 사방으로 벌어지면서 소리가 나고, [ㅔ]는 위아래로만 조금 벌어지면서 소리가 납니다.

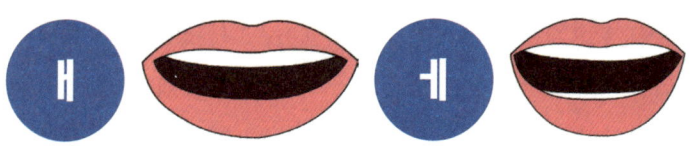

[ㅐ]는 사방으로 벌어지는 발음 [ㅏ]에 [ㅣ]가 붙어서 입이

더 벌어지는 발음이고, [ㅔ]는 위아래로 살짝 벌어지는 [ㅓ]에 [ㅣ]가 붙은 발음이니 전체적으로 덜 벌어지는 거죠.

강아지는 귀여워서 웃음이 나니까 개

저는 이렇게 기억하기 쉽게 강아지 [개]와 꽃게 [게]를 떠올리며 연습을 합니다. 강아지를 보면 미소가 절로 나잖아요. 그래서 입꼬리를 더 옆으로 당기면서 웃는 느낌으로 개를 기억하는 거죠. 꽃게는 입을 작게 벌리고 [게]를 하라고 합니다.

다음은 [ㅖ] 발음입니다. [ㅖ]는 [ㅣ]+[ㅔ]로 '이~에'를 빠르게 한 호흡에 발음하면 더 정확하게 발음할 수 있습니다.

예 [ㅣ + ㅖ]

와 [ㅗ + ㅏ]

[ㅘ]는 입이 가장 작고 동그랗게 모이는 발음 [ㅗ]와 제일 크게 벌어지는 발음 [ㅏ]가 합쳐진 것으로 입을 가장 좁게 좁

혔다가 사방으로 벌어지면서 발음됩니다.

   한국관광공사 곽진광 관광과장 서울특별시 특허허가과 허가과장 허과장

   [ㅘ] 발음을 연습하기 좋은 문장인데요. 입 모양의 크기 차이가 제일 큰 발음으로 우리가 놀랐을 때 자신도 모르게 '와~' 하면서 동공이 확 커지는 것처럼 입 모양을 움직이면 됩니다. [ㅗ+ㅏ], '오~아', '오~아'를 빠르게 이어서 연습해 보세요.

   다음 문장은 이중 모음이 들어간 문장은 아니지만 [ㅏ]와 [ㅗ] 발음이 반복되면서 [ㅘ]처럼 입이 크게 벌어졌다가 작게 모이는 것이 반복되는 문장입니다. 입을 잘 벌리지 않고 말하는 분들은 발음하는 데 어려움을 느낄 수 있으니 입 모양의 변화에 주의하면서 소리내 읽어 보세요.

   간장 공장 공장장은 강 공장장이고
   된장 공장 공장장은 장 공장장이다.

   [ㅟ]도 마찬가지로 [ㅜ+ㅣ], '우~이', '우~이'를 한 호흡에 빠르게 발음하는데요. 아랫입술에 힘이 더 들어간 상태의 좁

은 발음 [ㅜ]에서 옆으로 입꼬리를 당겨서 벌어지도록 발음하는 거죠.

[ㅝ]도 [ㅜ]와 [ㅓ]를 빠르게 [ㅜ+ㅓ]라고 발음합니다. 아랫입술에 힘이 더 들어가 모아지는 발음인 [ㅜ]에서 위아래로 벌어지는 [ㅓ] 발음을 이어 '우~어', '우~어' '우~어' [ㅝ]라고 소리 내는 거죠.

이중모음은 앞서 설명한 것처럼 대부분 비슷한 규칙에 따라 발음이 됩니다. 하지만 특이한 이중 모음이 있는데요. 바로 [ㅚ]*와 [ㅞ]입니다. [ㅚ], [ㅙ], [ㅞ]는 모두 같은 발음으로 내도 되는 소리입니다. 모두 [웨]에 가깝게 소리 나기 때문에 [ㅜ+ㅔ]로 발음하면 됩니다.

- [ㅚ]는 현재 국립국어원에서 이중모음으로 발음하는 경우가 적지 않아 이중모음으로 발음하는 것을 허용하고 있으나 단모음으로 분류하고 있습니다. 따라서 이 책에서는 이중모음 11개에 포함시키지 않았습니다.

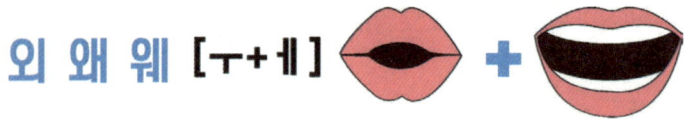

그리고 [ㅢ]는 [ㅡ + ㅣ]로 발음됩니다.

의 [ㅡ + ㅣ]

여기까지는 기본적인 이중모음 규칙과 같지만 [ㅢ] 발음이 특이한 이유는 발음이 세 가지로 나기 때문입니다. 발음 그대로 [ㅢ]로 발음하는 경우도 있지만 [ㅣ]나 [ㅔ]로 발음하는 경우도 있습니다. 발음이 다르게 나는 것은 변칙이기 때문에 헷갈릴 수 있는데요. 지금 알려드리는 규칙만 알고 있으면 대부분 틀리지 않고 발음하실 수 있습니다.

첫 번째, 단어의 제일 첫음절에 [의]가 있을 때는 [ㅡ + ㅣ]로 발음됩니다. 예를 들면 [의미], [의지], [의사], [의원], [의회], [의견] 등 첫음절에 [의]가 들어갈 경우 [ㅡ + ㅣ]로 발음합니다. 살짝 미소를 짓는 것처럼 입꼬리가 자연스럽게 움직

의	발음	규칙	예시
	ㅡ+ㅣ	의 음절이 단어 맨 앞일 때 (첫음절)	의미, 의지, 의사, 의원
	ㅔ 또는 ㅢ	조사로 사용될 때	우리의, 국민의, 동생의
	ㅣ	첫음절 이외에 첫음절이 '자음+ㅢ' 일 때	무늬, 희망

이는 [ㅡ]에서 입꼬리에 힘이 더 많이 들어가면서 옆으로 더 당겨지는 [ㅣ] 발음을 빠르게 이어서 하면 되는데요. 입꼬리에 힘을 주시면서 옆으로 당기는 것에 신경 써서 발음해 보세요.

두 번째로 [ㅢ]가 조사로 올 때는 [ㅢ]와 [ㅔ] 둘 다 맞습니다. 예를 들면 [우리의/우리에], [국민의/국민에], [동생의/동생에] 등으로 발음할 수 있습니다. [의]보다는 [에]로 읽는 것이 발음하기도 편하고 듣기에도 부드럽게 들립니다.

마지막 [이]로 발음되는 경우는 두 가지인데요. 먼저 단어의 첫음절이 [자음+ㅢ]로 시작할 때입니다. 희망[히망]이나 늴리리[닐리리] 등이 여기에 해당합니다. 두 번째는 단어의 첫음절이 아닌 자리에 [ㅢ]가 들어가면 [ㅣ] 발음이 납니다. 예를 들면 [무늬]에서 [늬] 발음을 [ㅣ] 발음으로 [무니]라고 발음하고요. [회의] 역시 [회이]로, [주의]는 [주이]로 발음합니다.

정확한 이중모음 발음 연습

입 모양의 변화에 집중해서 연습해 보세요.

❶ 아래 원고를 천천히 소리 내어 읽습니다.

❷ 이중모음을 연습할 때는 처음부터 빨리하려고 하지 말고 이론에서 알려드린 것처럼 모음을 분해해서 입을 정확하게 움직이는 것 위주로 연습하는 것이 좋습니다.

한 번에 [갸]라고 하지 않고 [기-아] 이렇게 모음을 분해해서 천천히 발음한 후 점점 속도를 높여서 연습하세요.

	ㅣ+ㅏ=ㅑ	ㅣ+ㅓ=ㅕ	ㅣ+ㅗ=ㅛ	ㅣ+ㅜ=ㅠ
ㄱ	기+아=갸	기+어=겨	기+오=교	기+우=규
ㄴ	니+아=냐	니+어=녀	니+오=뇨	니+우=뉴
ㄷ	디+아=댜	디+어=뎌	디+오=됴	디+우=듀
ㄹ	리+아=랴	리+어=려	리+오=료	리+우=류
ㅁ	미+아=먀	미+어=며	미+오=묘	미+우=뮤
ㅂ	비+아=뱌	비+어=벼	비+오=뵤	비+우=뷰
ㅅ	시+아=샤	시+어=셔	시+오=쇼	시+우=슈
ㅇ	이+아=야	이+어=여	이+오=요	이+우=유
ㅈ	지+아=쟈	지+어=저	지+오=죠	지+우=쥬
ㅊ	치+아=챠	치+어=쳐	치+오=쵸	치+우=츄
ㅋ	키+아=캬	키+어=켜	키+오=쿄	키+우=큐
ㅌ	티+아=탸	티+어=텨	티+오=툐	티+우=튜

ㅍ		피+아=퍄		피+어=펴		피+오=표		피+우=퓨		
ㅎ		히+아=햐		히+어=혀		히+오=효		히+우=휴		

	ㄱ	ㄴ	ㄷ	ㄹ	ㅁ	ㅂ	ㅅ	ㅇ	ㅈ	ㅊ	ㅋ	ㅌ	ㅍ	ㅎ
예	계	녜	뎨	례	메	볘	셰	예	졔	쳬	켸	톄	폐	혜
이+에	기+에	니+에	디+에	리+에	미+에	비+에	시+에	이+에	지+에	치+에	키+에	티+에	피+에	히+에
와	과	놔	돠	롸	뫄	봐	솨	와	좌	촤	콰	톼	퐈	화
오+아	고+아	노+아	도+아	로+아	모+아	보+아	소+아	오+아	조+아	초+아	코+아	토+아	포+아	호+아
워	궈	눠	둬	뤄	뭐	붜	숴	워	줘	춰	쿼	퉈	풔	훠
우+어	구+어	누+어	두+어	루+어	무+어	부+어	수+어	우+어	주+어	추+어	쿠+어	투+어	푸+어	후+어
위	귀	뉘	뒤	뤼	뮈	뷔	쉬	위	쥐	취	퀴	튀	퓌	휘
우+이	구+이	누+이	두+이	루+이	무+이	부+이	수+이	우+이	주+이	추+이	쿠+이	투+이	푸+이	후+이
외	괴	뇌	되	뢰	뫼	뵈	쇠	외	죄	최	쾨	퇴	푀	회
우+에	고+에	노+에	도+에	로+에	모+에	보+에	소+에	오+에	조+에	초+에	코+에	토+에	포+에	호+에
의	긔	늬	듸	릐	믜	븨	싀	의	즤	츼	킈	틔	픠	희
으+이	그+이	느+이	드+이	르+이	므+이	브+이	스+이	으+이	즈+이	츠+이	크+이	트+이	프+이	흐+이

부록

보이스 컬러의
진단과 해석

목소리 이미지를 컬러로 표현하기 위해 제일 먼저 한 일은 색으로 표현할 수 있는 형용사를 조사한 것입니다. 500여 개의 형용사를 추린 후 유사한 이미지의 형용사들끼리 그룹 지어 분면을 나누고 해당 분면에 적절한 컬러를 배치했어요. 어떤 기준으로 형용사를 분류할지가 가장 중요했기 때문에 목소리 이미지에 영향을 주는 요소들을 정리했는데요.

기본적으로 무게와 온도를 나타내는 소리의 높낮이인 '고저'와 길이와 온도를 표현하는 '장단'을 중심축으로 세웠습니다. 여기에 소리의 세기와 명도를 나타내는 강약, 그리고 쉼과

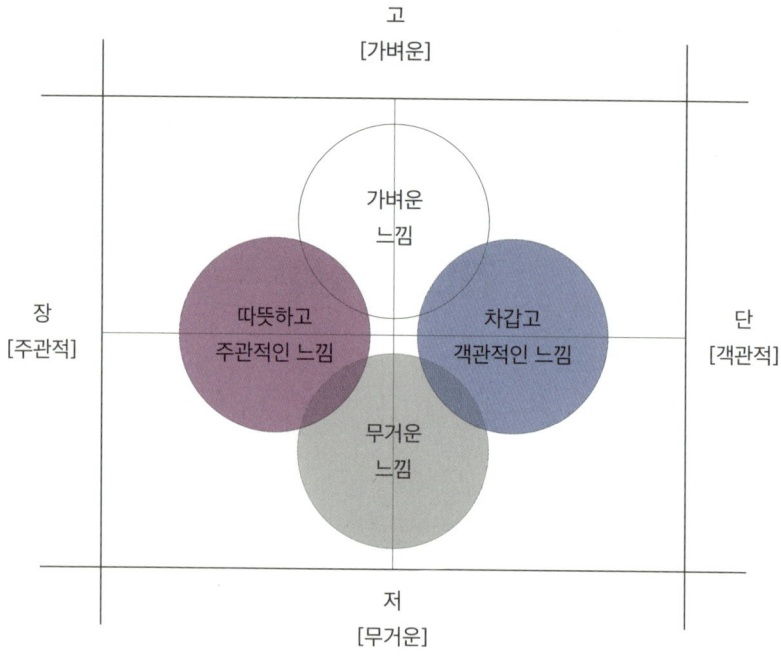

속도 같은 요소를 고려해 형용사를 배치했어요.

 목소리의 톤이 낮으면 무게감이 생겨 안정감을 주고, 높을 때는 가볍고 밝은 느낌을 줍니다. 또 말을 길게 끌면 따뜻한 느낌을, 길이가 짧으면 차가운 느낌을 전달합니다. 그래서 긴 음절이 반복되면 주관적으로 느껴지고 짧은 음절이 반복되면 객관적으로 느껴지는 거죠. 그리고 강약의 정도와 음절과 음절 사이의 간격, 음절의 높낮이 등 세세한 부분까지 신경 썼어요.

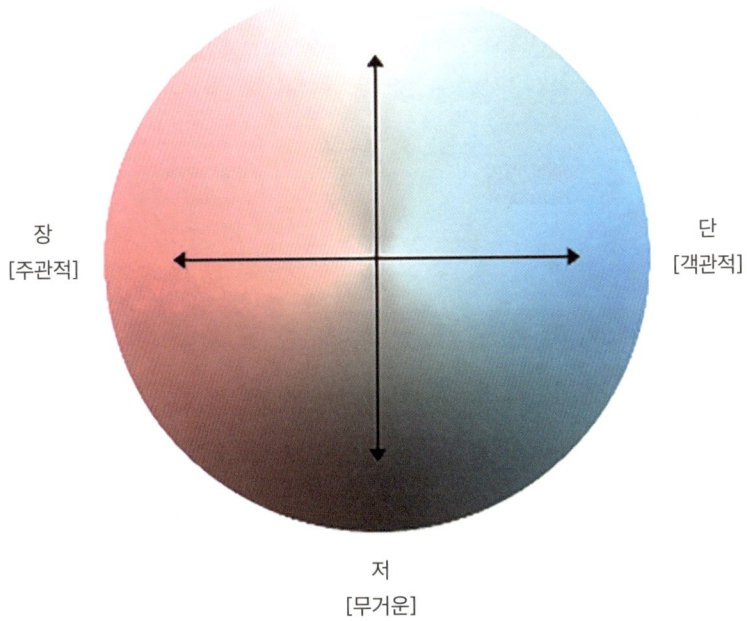

컬러 분면은 크게 ① 가벼운 분면과 ② 무거운 분면, ③ 따뜻하고 주관적으로 느껴지는 분면, ④ 차갑고 객관적으로 느껴지는 분면으로 나눴고요. 각각의 성향이 강할수록 원형의 바깥쪽으로, 성향이 약할수록 원형의 중심에 가깝게 오도록 했습니다.

어린

활발한, 밝은, 가벼운, 아이 같은,
여성적인, 명랑한, 상쾌한, 쾌활한, 유쾌한,
경박한, 즐거운, 앳된, 귀여운

사랑스러운, 달콤한, 친절한   신선한, 생기발랄한

따뜻한   조용한, 여린, 섬세한   **차가운**

주관적인, 따뜻한, 친근한, 우아한,   객관적인, 시원한, 스마트한, 힘 있는,
부드러운, 다정한, 포근한   전문적인, 세련된, 도시적인, 냉정한

편안한, 안락한, 친밀한,   건조한, 점잖은, 완고한, 보수적인,
훈훈한, 친절한, 평온한,   고전적인, 성숙한, 진보적인,
온화한, 감미로운, 품위 있는   격식을 차린, 실용적인

안정적인, 신뢰감 있는, 무거운, 어른스러운,
남성적인, 차분한, 권위적인, 원숙한

나이든

이렇게 형용사를 배치한 후에는 각 분면의 느낌을 대표할 수 있는 단어를 여러 차례에 걸쳐 선정했고 마지막으로 색채심리 전문가가 각 단어에 어울리는 컬러를 입혀 완성했습니다.

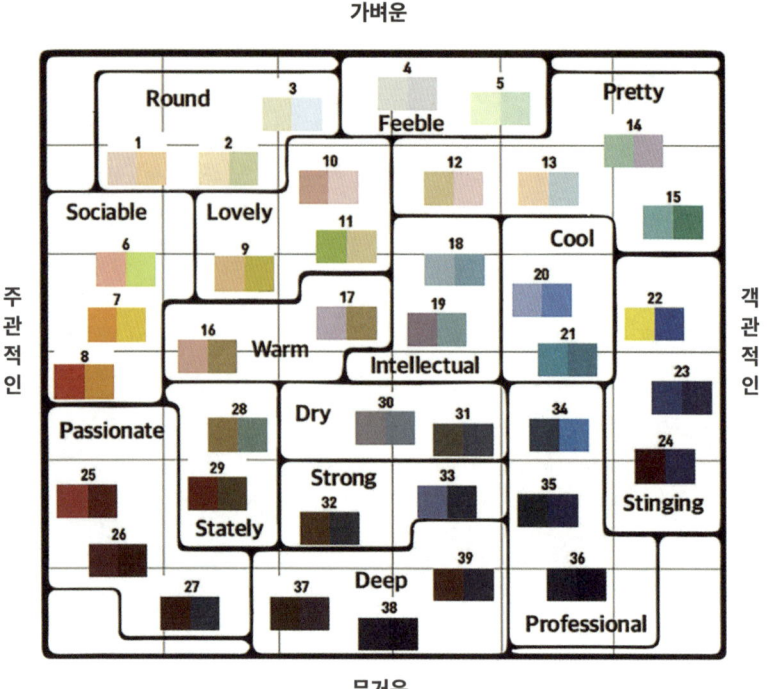

보이스 컬러 카드는 크게 15개의 분면으로 나누어져 있는데요. 각 번호마다 다른 이미지를 가지고 있습니다. 각 분면과 번호는 어떤 목소리인지 알아볼까요?

Round

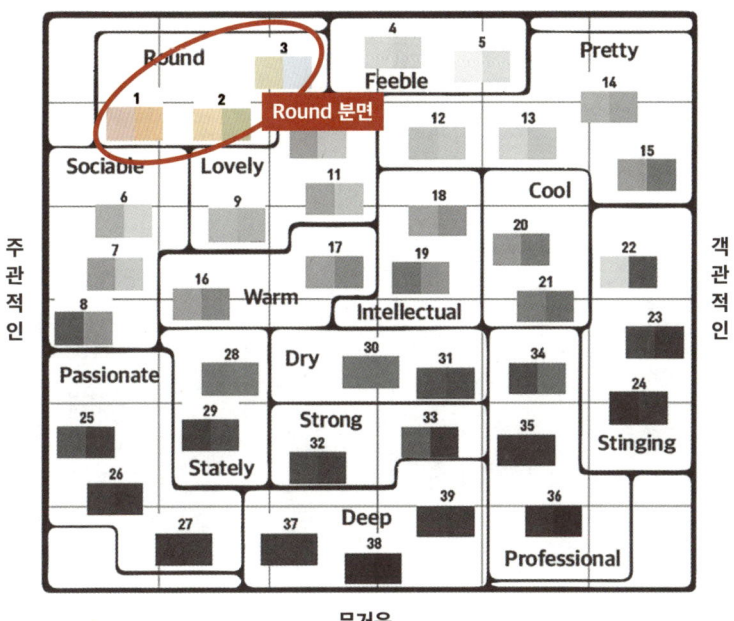

먼저 Round 분면은 따뜻하고 편안하면서 부드러운 목소리 컬러인데요. 전체적으로 소리의 무게가 가볍고, 고음 쪽에 있지만 날카롭지 않고 원만하게 느껴지는 이미지입니다.

제일 높은 쪽에 있는 3번(가벼운) 카드는 가볍고 얇으면서 밝은 느낌이 더해진 부드러운 소리입니다. 2번(둥근) 카드는 원만하고 둥글고 부드러운 느낌의 소리고요. 낮은 쪽에 있는 1번(부드러운) 카드는 세 개 중 가장 안정적인 느낌을 줍니다.

Feeble

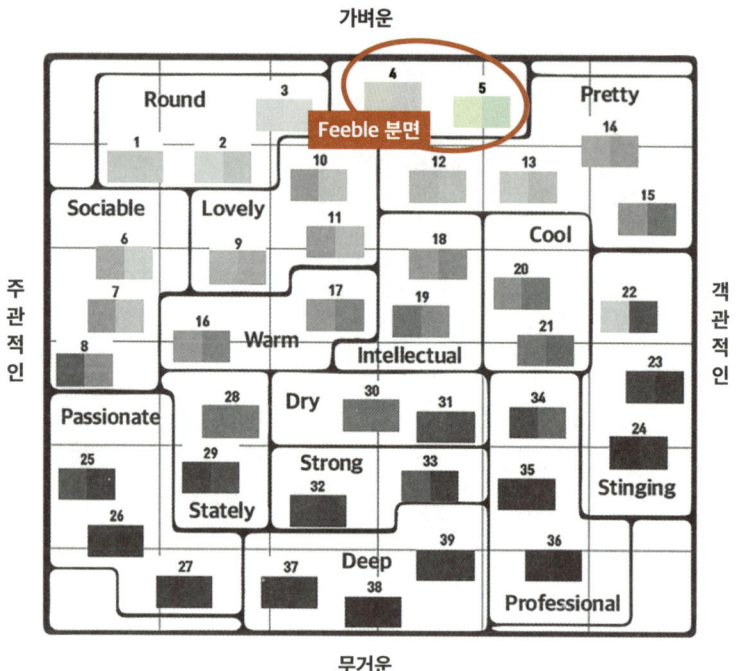

 가장 가늘고 섬세한 소리인 Feeble 분면은 여리여리한 느낌을 주는데요. 4번(약한) 카드는 가늘고 힘이 없는 얇은 소리고요. 5번(여린) 은 연약하고 순한 느낌이 드는 소리입니다.
 이 분면의 목소리를 가진 분들은 대체로 목소리가 작아서 고민하는 분들이 많아요. 목소리가 너무 작으면 자신감이 없어 보일 수 있기 때문에 필요에 따라 발성 연습을 함께 하면 좋습니다.

Sociable

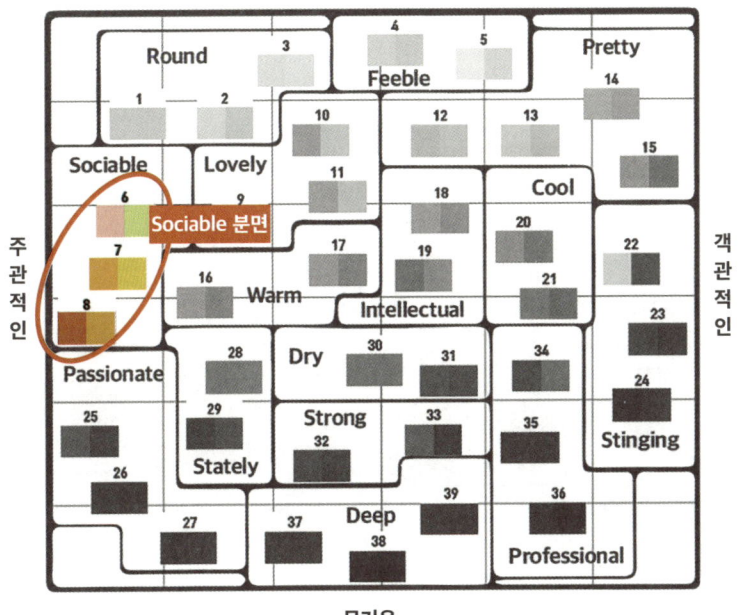

　Sociable 분면은 따뜻한 쪽에 위치하고 있는 밝은 느낌의 보이스 컬러인데요. Round 분면의 소리보다 좀 더 무게감이 있는 힘 있는 소리이기 때문에 선명한 이미지를 갖고 있습니다.

　그중 6번(밝은) 카드가 가장 높은 음으로 친근한 느낌이 강하고 산뜻하면서 환한 이미지입니다. 7번(명랑한) 카드는 생기 있고 활발한 느낌의 선명한 소리고요. 세 가지 중 가장 낮은 음인 8번(유쾌한) 카드는 즐거운 이미지를 갖고 있으면서 무게감이 있어 분명하고 강한 느낌이 듭니다.

Lovely

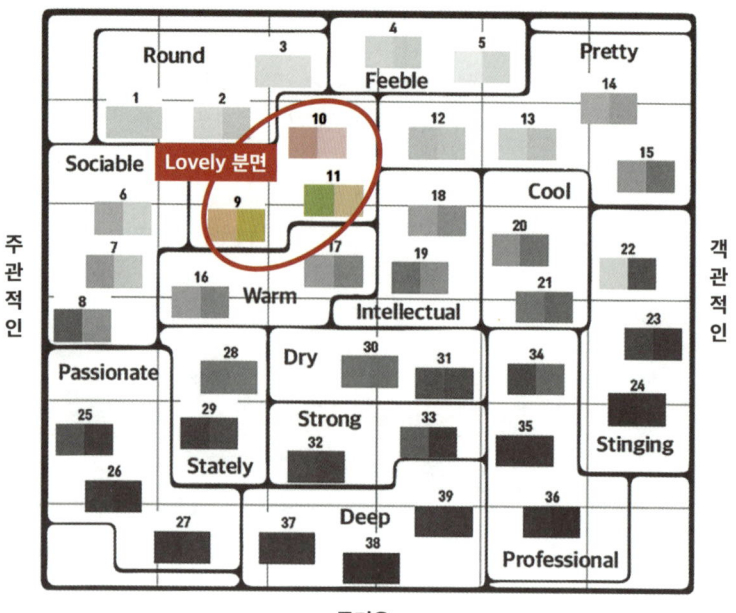

　Lovely에 해당하는 목소리는 예쁘고 사랑스러운 느낌인데요. 그중 가장 높은 톤의 목소리는 10번(여성스러운) 카드입니다. 부드럽고 상냥하면서 따뜻한 소리예요. 중간에 있는 11번(친절한) 카드는 좀 더 안정적이고 편안한, 정겨운 느낌의 목소리이고요. 제일 아래쪽의 9번(다정한) 카드는 셋 중 가장 따뜻한 소리로, 정이 많고 살가운 이미지를 갖고 있습니다.

Pretty

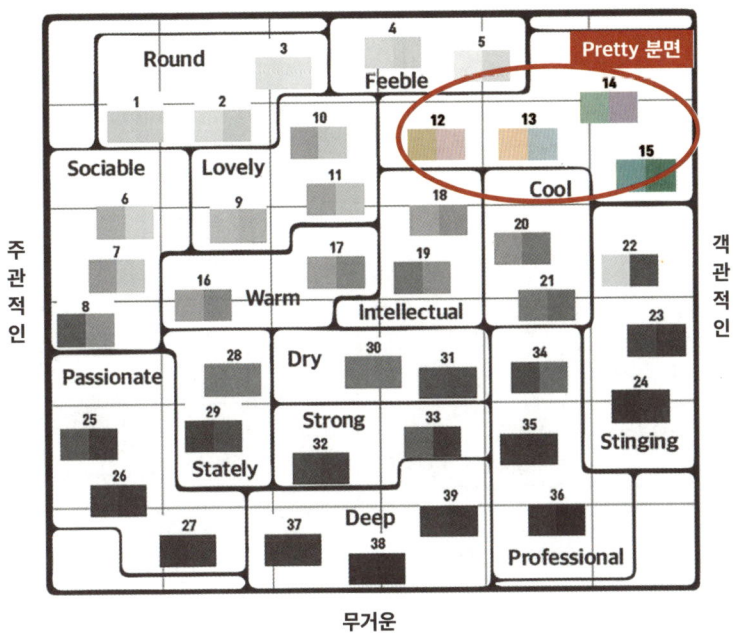

　Lovely 분면과 무게감이 비슷하지만 좀 더 속도감이 있고 차가운 소리인데요. 아이 같은 목소리를 가졌다고 생각하는 분들이 많이 선택합니다.

　12번(친근한) 카드는 이 중 가장 따뜻한 소리로 애교 있고 다정다감한 이미지고요. 13번(아이 같은) 카드는 가볍고 귀여운 소리이며, 14번(쾌활한) 카드는 좀 더 차가운 명랑하고 생기 있는 소리입니다. 이 중 가장 차갑고 무게감 있는 15번(활기찬) 카드는 활발한 이미지에 시원한 느낌이 더해진 소리입니다.

Warm

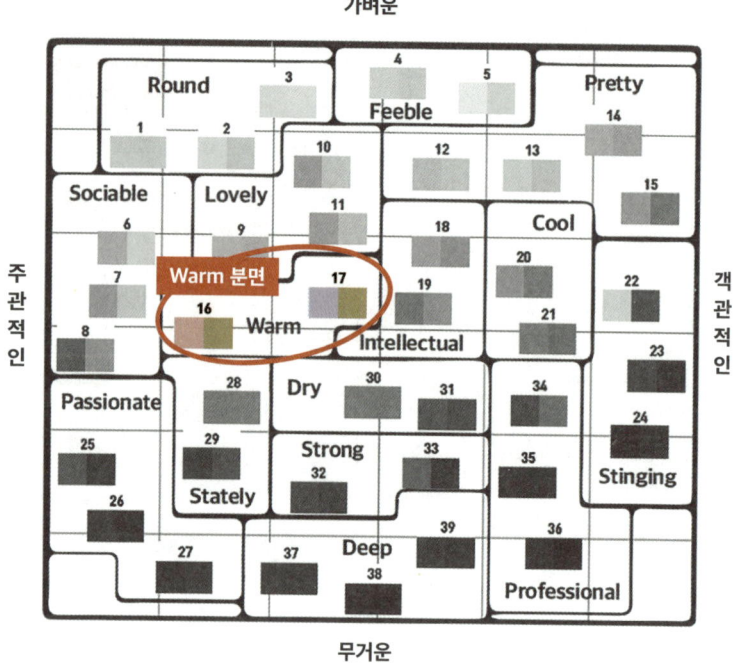

    16번(배려심 있는) 카드와 17번(성숙한) 카드는 중앙에 가깝게 위치한 Warm 분면의 카드로 따뜻하고 안정적인 느낌을 주는 목소리입니다.

    16번(배려심 있는) 카드는 편안하고 부드러운 느낌을 주고, 17번(성숙한) 카드는 따뜻하면서 어른스러운 느낌이 있습니다.

Intellectual

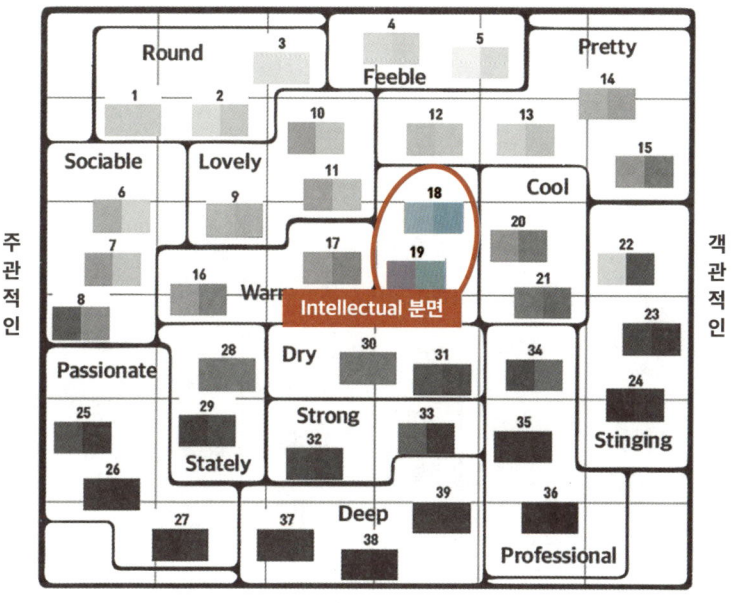

　　Warm 분면보다 우측에 있는 Intellectual 분면은 차가운 소리로 이성적이고 지적인 느낌을 갖고 있습니다. Intellectual 분면의 목소리를 가진 분들은 소리에 감정이 잘 드러나지 않아서 차갑다는 얘기를 들을 수도 있습니다.

　　18번(현실적인) 카드는 이지적인 느낌으로 딱딱하고 논리적인 이미지가 강합니다. 19번(격식 있는) 카드는 예의 있지만 거리감이 있는 것처럼 느껴질 수도 있습니다.

Cool

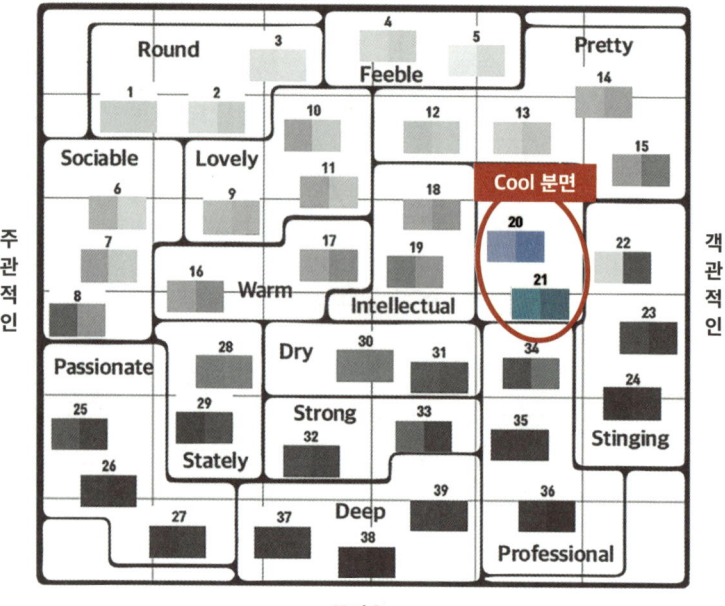

　Cool 분면에 해당하는 20번(도시적인) 카드와 21번(객관적인) 카드는 도회적인 느낌의 이미지인데요. 비즈니스상에서 전문적인 느낌을 내고 싶은 분들이 원하는 컬러로 많이 선택하는 분면이기도 합니다.

　20번(도시적인) 카드는 세련되고 지적인 느낌이고요 20번보다 무게감 있는 21번(객관적인) 카드는 좀 더 차갑고 독립적인 느낌이 들어서 냉정해 보일 수 있습니다.

Stinging

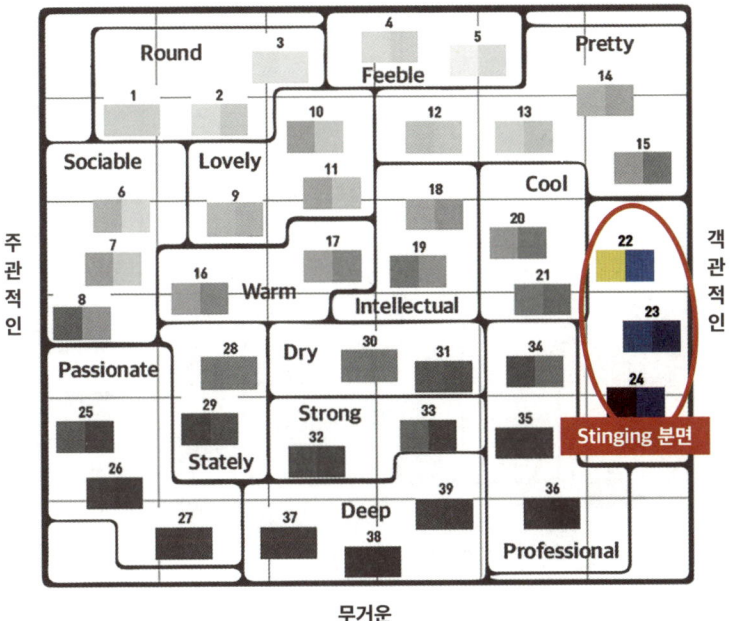

　Stinging 분면은 전체적으로 분명하게 잘 들리는 소리로 자신감이 있어 보이는데요. 확신 있는 이미지가 있으므로 자기주장을 강하게 하는 느낌도 들 수 있습니다.

　22번(날카로운) 카드는 셋 중 제일 얇으면서 선명하고 밝은 이미지고요. 23번(쏘는 듯한) 카드는 명확하게 잘 들리는 소리로 확신을 줍니다. 셋 중 가장 무게감이 있는 24번(찌르는 듯한) 카드는 굵으면서 명료하고 강한 느낌이 있는 소리입니다.

Passionate

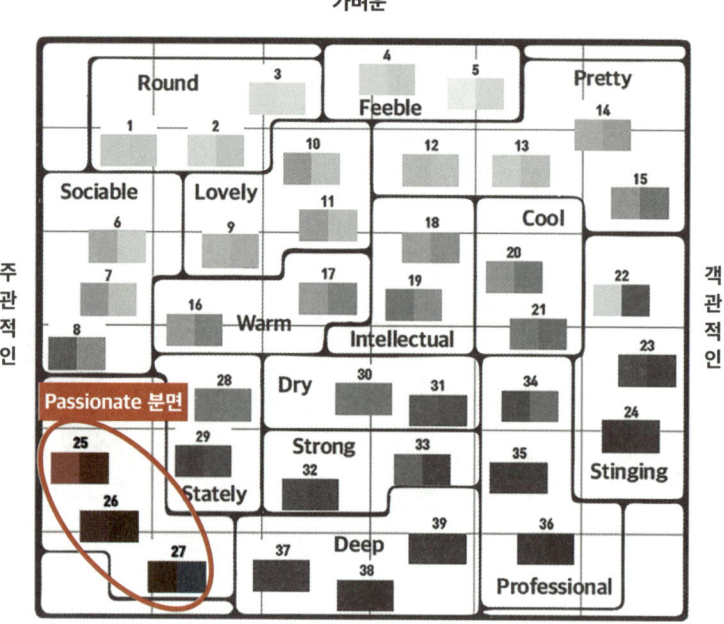

따뜻하면서도 힘 있는 Passionate 분면의 소리는 열정적이면서 강렬한 이미지를 가진 소리인데요.

25번(열정적인) 카드는 적극적이고 기세 있는 소리이고, 26번(강인한) 카드는 단단하고 안정적인 이미지의 소리입니다. 27번(강렬한) 카드는 셋 중 가장 무게 있고 깊이감 있는 느낌이 듭니다.

Stately

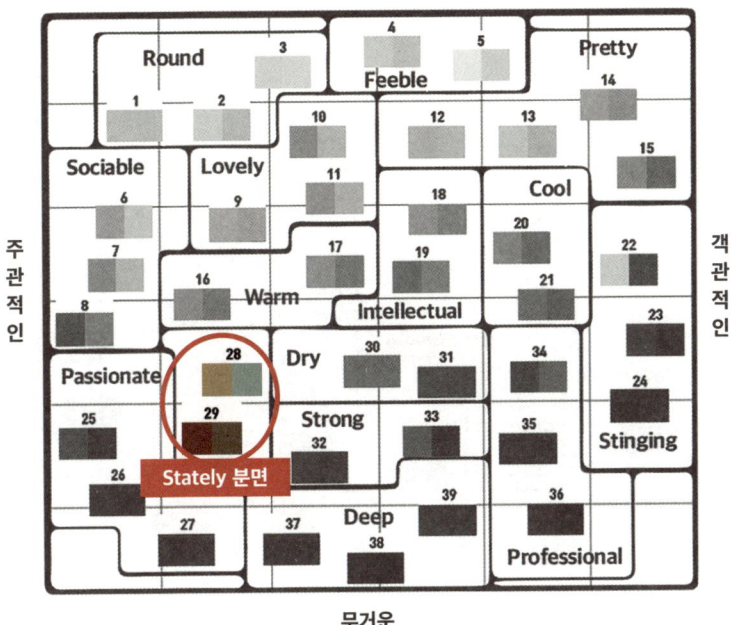

Stately 분면은 당당해 보이고 위엄 있는 이미지를 가지고 있는데요.

28번(신중한) 카드는 안정적이고 신뢰감이 들면서 조심스러운 느낌을 함께 갖고 있는 소리이고, 29번(확고한) 카드는 흔들림 없고 단단한 이미지입니다.

Dry

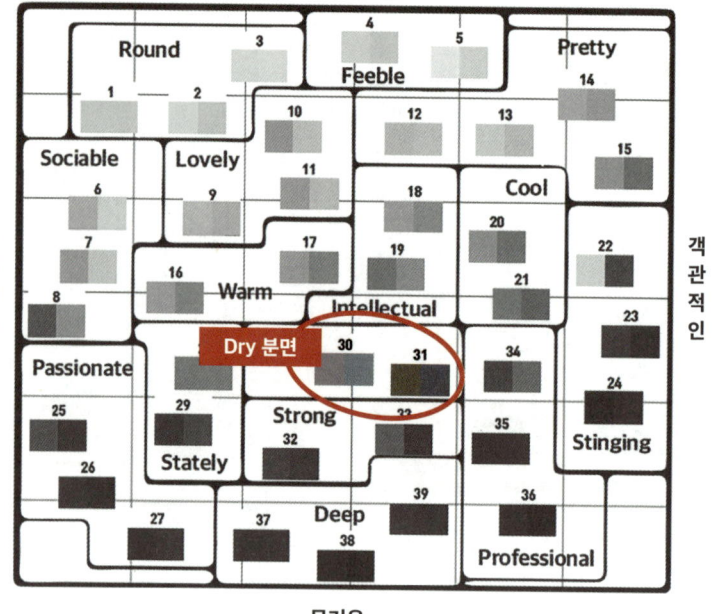

　Dry 분면은 감정이 잘 느껴지지 않는 소리입니다. 목소리 톤에서 온도가 잘 느껴지지 않거나, 말할 때 일정한 패턴을 가지거나 리듬이 없어서 드라이하게 느껴질 수도 있습니다.

　30번(무심한) 카드는 정중앙에 있는 컬러로 특별히 드러나는 특징이 없기 때문에 말에 기복이 없고 항상 태연한 것처럼 느껴질 수 있습니다. 31번(기계적인) 카드는 정확하고 딱딱해서 30번(무심한) 카드보다 더 건조한 느낌을 줄 수 있습니다.

Strong

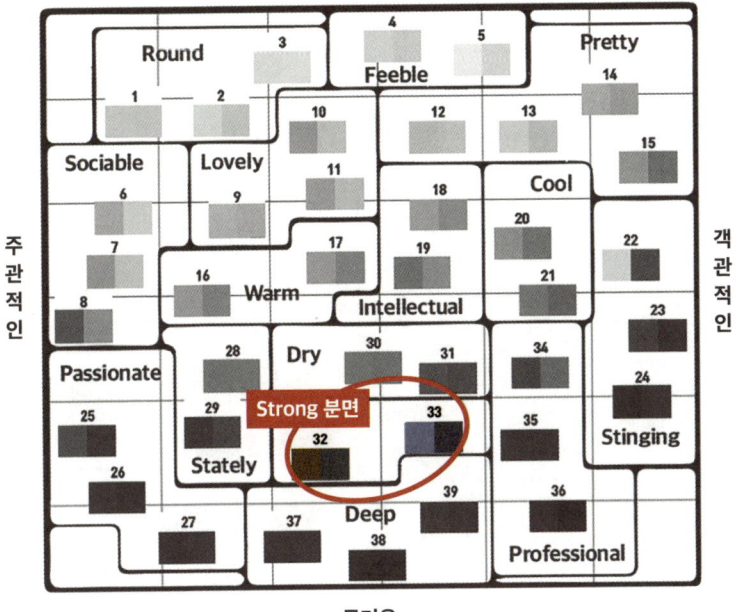

32번(책임감 있는)과 33번(남성스러운) 카드는 믿음직하고 안정적인 이미지의 Strong 분면의 소리입니다.

32번(책임감 있는) 카드는 힘 있고 강한 소리로 변함이 없는 느낌이 들어 신뢰감을 주고요. 33번(남성스러운) 카드는 강건한 느낌의 힘이 센 소리입니다.

Professional

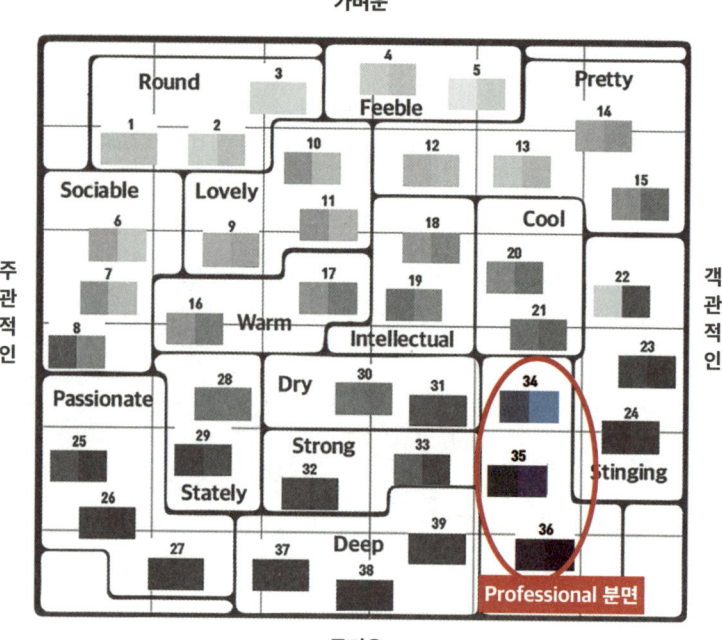

　Professional 분면은 전체적으로 차갑지만 낮은 톤에 해당하기 때문에 안정감도 함께 전달하는 소리입니다.

　34번(전문적인) 카드는 지적이면서도 객관적인 느낌을 주고 35번(냉철한) 카드는 침착하고 깊이 있는 소리입니다. 36(지시적인) 카드는 전문적이지만 힘이 좋아 강압적인 느낌을 함께 갖고 있습니다.

Deep

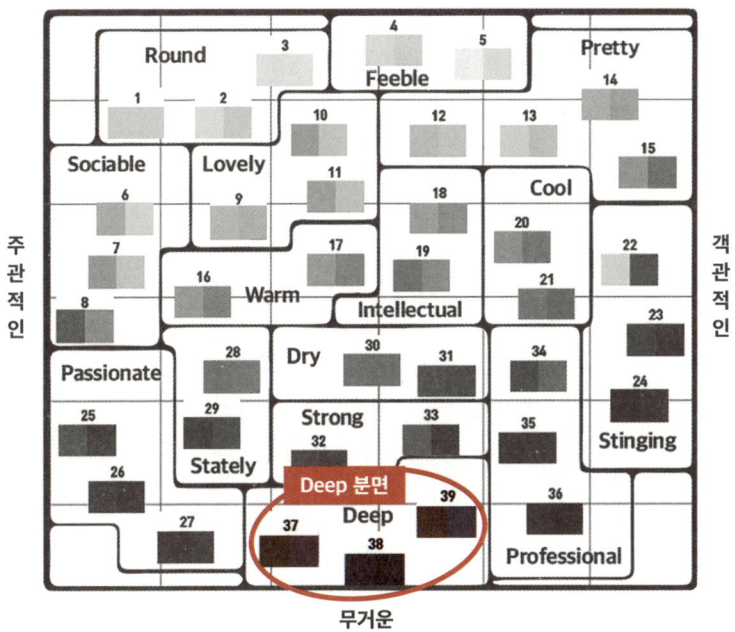

아래쪽에 있는 Deep 분면의 목소리는 낮고 힘이 세며 울림이 있는 특징을 가지고 있습니다.

37번(무거운) 카드는 셋 중 가장 따뜻한 쪽에 해당해 책임감이 더 느껴지는 소리이고요. 38번(깊이 있는) 카드는 가장 낮은 톤으로 깊이 있지만 심각한 느낌을 줄 수 있는 보이스 컬러입니다. 마지막 39번(어두운) 카드는 무겁고 진지한 느낌을 주는 소리입니다.

분면에 따른
카드 활용법

보이스 컬러 카드를 통해 자신의 현재 목소리 이미지를 알게 되셨나요? 원하는 목소리 이미지를 표현할 수 있는 연습 전략을 소개해 드릴게요. 다음 페이지의 그림에는 여덟 방향으로 화살표가 그려져 있습니다. 자신이 속한 분면에서 원하는 분면으로 나있는 화살표의 숫자를 확인해 보세요. 해당 숫자의 전략을 참고해 연습하면 좋습니다.

1. 현재 자신의 이미지보다 좀 더 밝은 이미지를 주고 싶다면 전체적으로 톤을 높이고 특히 끝 음을 올려서 소리 내 보세요.

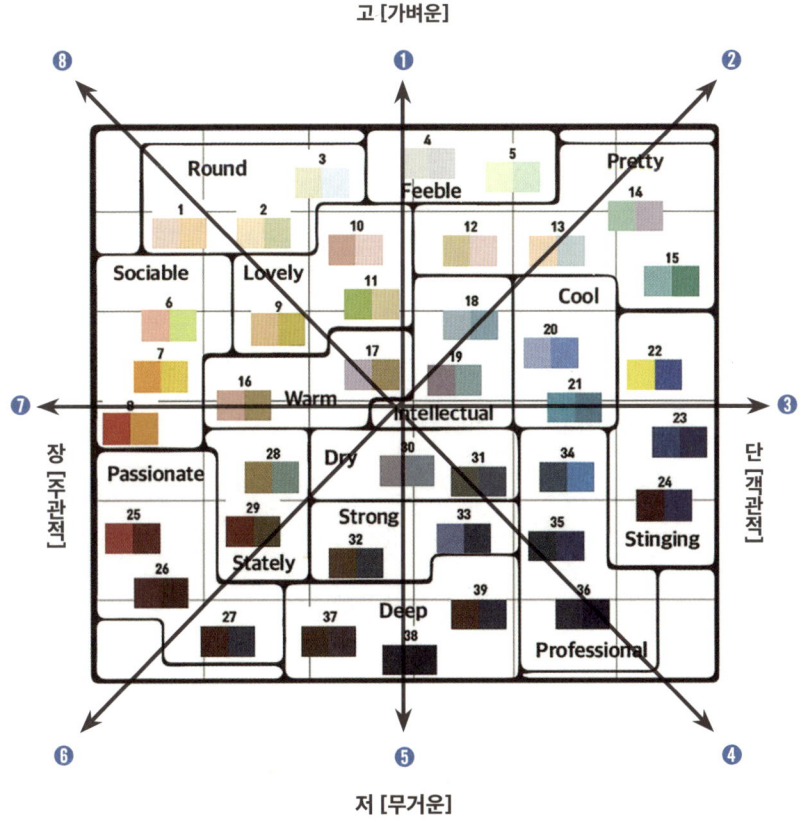

2. 말의 속도를 빠르게 하고 음절의 간격을 짧게 표현하면 밝고 경쾌한 이미지를 표현할 수 있습니다.

3. 지적이고 객관적인 느낌을 주고 싶다면 끝 음을 짧고 강하게 내려서 표현해 보세요.

4. 전문적이면서 안정적인 느낌을 함께 주고 싶다면 무게감

을 줄 수 있도록 전체적으로 톤을 낮게 하고 자신의 톤보다 끝 음을 한음 내려서 표현하면 됩니다.

5. 소리에 무게를 더할 수 있도록 발성 연습과 함께 끝 음을 내려서 표현하면 안정적이고 신뢰감 있는 느낌을 전할 수 있습니다.

6. 따뜻하면서 힘 있는 느낌을 원하면 발성 연습을 통해 소리에 힘을 실은 후 끝 음을 더 길게 표현해 보세요.

7. 지금의 이미지에서 더 따뜻하고 부드러운 느낌을 주고 싶다면 끝 음을 길게 페이드아웃(점점 약하게)해 보세요.

8. 끝 음을 길게 올리면서 페이드아웃(점점 약하게)하면 밝고 부드러운 느낌으로 표현할 수 있습니다.

에필로그

보이스에 관한 책을 쓰기 전에는 저에게 가장 쓰기 쉬운 책일 거라고 생각했어요. 보이스 강의도 오래 했고, 겪어본 사례도 많은 익숙한 분야니까요. 그런데 막상 글을 쓰고 보니 제가 낸 어떤 책보다 제일 수정을 많이 하고 있더라고요. 강의에서 말로 전할 땐 쉬웠던 부분도 막상 글로 쓰려고 하니 어려웠어요. 강의할 때처럼 쉽고 재미있게 풀고 싶어서 이론을 열심히 썼는데 너무 어렵다는 주변 반응에 대부분의 이론을 지우고 다시 쓰기도 했고요. 어떤 에피소드는 다른 내용과 결이 맞지 않아서 삭제하기도 했어요.

보이스 책은 저에게 꽤 사연이 많은 책인데요. 그동안 책을 내자는 얘기도 많이 들었고, 실제로 계약을 하기도 했는데 몇 번 엎어졌거든요. 그래도 보이스 책은 언젠가 꼭 내야겠다 싶었어요.

15년이 넘게 보이스 수업을 하면서 정말 많은 사례를 만났는데요. 발성 장애가 심한 분도 있었고, 목에 종양을 제거하는 수술을 한 뒤 목소리가 바뀌어서 소리를 내기 어려운 분도 있었어요. 목소리가 작은 것뿐인데 자신감이 없다는 얘기를 자꾸 들어서 사회생활이 너무 힘들다는 분들도 있었고요.

목소리에 자신감이 없는 분들은 대부분 자존감이 많이 떨어져 있어요. 부정적인 얘기와 지적을 계속 들으면서 가랑비에 옷 젖는 줄 모르듯이 자존감이 조금씩 흔들리고 어느 순간 와르르 무너지는 거예요. 이런 분들과 수업을 하면서 목소리와 표정이 바뀌고 자신감이 생기는 변화를 보는 것은 저에게 굉장히 기쁜 일입니다. 그리고 수업 후에 삶이 바뀌었다고 감사하다는 인사해 주시는 분들을 보면 '그동안 나의 노력이 가치가 있었구나' 싶어서 정말 감동받아요. 저는 알고 있는 걸 필요한 사람에게 잘 알려줬을 뿐이고 실제로 정말 많이 노력한 것은 수업을 받은 분들인데 오히려 감사 인사를 제가 들으니 항상 보답하고 싶다는 생각도 들고요.

그러다가 제 수업을 들은 대표님께서 보이스 책을 같이 내보자는 제안을 하신 거예요. 다시 엎어질까 봐 걱정도 됐지만 혼자 고민하는 것보다는 좀 더 잘 풀어갈 수 있을 것 같은 기대도 되고 수업을 재미있게 들어주신 것도 정말 감사했어요. 에필로그를 쓰는 지금도 현실 같지 않은 느낌이라 책이 출간되면 울컥할 것 같다는 생각이 들어요.

   책을 쓰면서 최대한 쉽고 재미있게 보이스 이론을 풀어 보려고 노력했어요. 제 글이 책을 읽어 주시는 한 분 한 분께 의미가 되기를 바랍니다.

2024년 6월

이명신

목소리를 바꾸는 데
준비할 것은
충분한 노력과
시간입니다.

— 이명신

Thanks to.

1호 독자이자 내 편인 신랑과 항상 나의 팬이 되어주는 사랑하는 가족에게 고마움과 사랑의 마음을 전합니다.

그리고 오랜 시간 함께 해온 우리 티엔티 식구들, 능력자 실장님 현이, 자료 조사하느라 고생한 경미, 예쁜 그림 그려준 소연이와 다재다능한 센스쟁이 수림이, 함께 강의해 준 아름이 모두 정말 고마워요.

또, 언제나 믿음으로 응원해 주는 송리치 언니, 저의 멘토 연희 언니와 김금미 교수님, 응원해 주신 보연샘, 자랑스러운 친구 순신, 멋진 본이 되어주신 강영재 대표님과 좋은 가르침을 주신 교수님들께도 모두 감사드립니다.

저를 믿고 열심히 훈련하고 성장해 준 대표님들과 제자들에게도 고맙다고 말해주고 싶어요. 세세한 피드백으로 끝까지 감동 주신 김혜성 편집자님과 책을 내자고 제안해 주신 멋진 북튜버 찌판사의 이가희 대표님께도 감사의 마음 전합니다. 누구 한 분 없으면 못 했을 거예요. 혼자서는 얼마나 작은 존재인지 제 곁은 지켜주시는 분들이 얼마나 소중하고 감사한 분들인지 느끼며 살아갑니다.

마지막으로 이 책을 읽어주시는 독자님들께 감사의 마음을 전합니다. 설렘과 감사함으로 독자님들과 함께 할 순간을 기다리겠습니다.

보이스 컬러

초판 1쇄 발행 2024년 6월 18일

지은이 이명신

펴낸이 이가희
책임편집 김혜성
디자인 studio forb
마케팅 임지연

펴낸곳 찌판사
출판등록 2022년 1월 10일 제 2022-000010호
E-mail gahee@newdhot.com

ⓒ 이명신

ISBN 979-11-986942-2-5 (13320)

- 책값은 뒤표지에 적혀 있습니다.
- 잘못 만든 책은 구입하신 서점에서 바꾸어 드립니다.
- 이 책은 저작권법에 따라 보호받는 저작물이므로 무단전재와 무단복제를 금합니다.